障害をしゃべろう！

『コトノネ』が考えた、
障害と福祉のこと

下巻

インタビュー・構成
里見喜久夫
『コトノネ』編集長

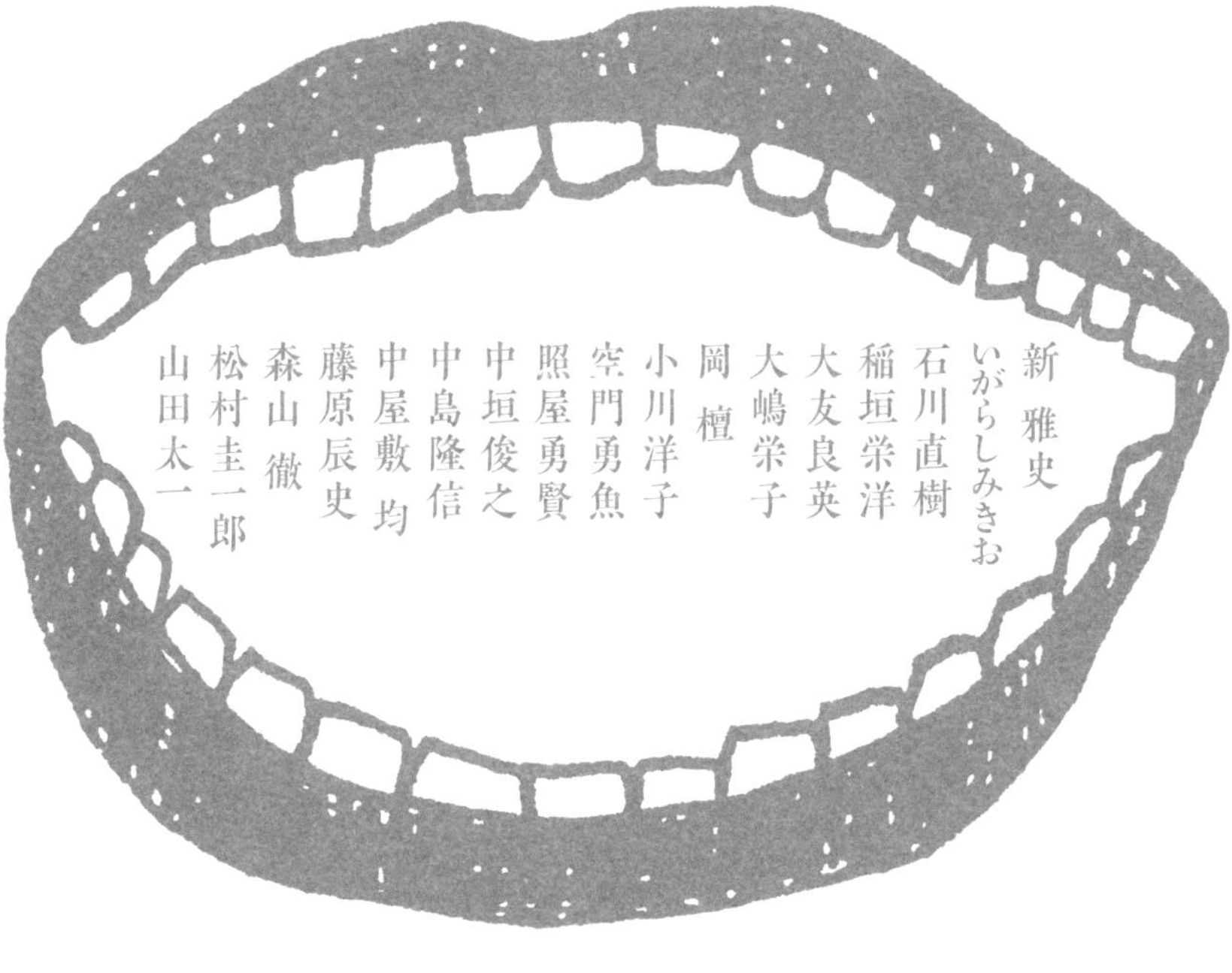

青土社

障害をしゃべろう！　下巻

目次

3　生きものから考える人間

障害をしゃべろう！ 下巻

『コトノネ』が考えた、障害と福祉のこと

「想定外」を生きる　はじめに

里見喜久夫

東日本大震災で、二つの忘れられないことばがある。福島第一原子力発電所のメルトダウンのあと、ときの官房長官は、毎日のように「直ちに健康に被害はない」と言った。すぐには被害がない。時間が経って、健康を損なう人が出るかもしれない。それが、もし原発事故のせいというなら、立証するのは当人の仕事だ。言い換えれば、そういう意味だと思った。国民の不安を突き返す発言だった。

メルトダウンの責任追及には、「想定外だった」と答えた。人知では測れない、だから、誰も責められないと逃げた。では、聞きたい。いままでなかったことは、未来永劫起こらないのか。想定外のことが起こらないと思っていたのか。むしろ、「想定外」のできごとによって、人間は、と言うより、地球上の生命は永らえてきたのではないか。

三八億年前、地球上に生命が出現した。その生物は、原核細胞を持つ原核生物と呼ばれる。この原核細胞には核がない。それから一八億年ほど経って（いまから二〇億年前）細胞の中に核を持つ真核生物が誕生する。原核生物はいまもしっかり生きている。大腸菌、納豆菌などの細菌類や、シアノバクテリアなどだ。

原核生物には寿命はなかった。もちろん、死はある。それは、餌が絶えた時だ。真核生物の誕生とともに、寿命が生まれた。このことを知ったとき、わたしは驚嘆した。寿命とは、言い換えれば自殺だ。自殺が、進化なのか。死に方が変わるとともに、生まれ方も変わった。原核生物は細胞を分裂させて、次々と細胞を産みだす。それは、クローン細胞だ。真核生物はメスとオスが交尾して次の生命を産みだす。人間もこのスタイルを続けている。ナアーんだ、原核生物の方が、簡単で確実じゃないか。なぜ、真核生物は、手間をかけて寿命と生殖の道を選んだのか。

福岡伸一さんの著書『できそこないの男たち』(二〇〇八年、光文社新書)でアリマキの生態を知った。アリマキは、春に地中から姿を現す。そのときには、すべてメス。メスがメスを産み、晩秋を迎える。冬ごもりの前に、初めてオスも産む。メスとオスの交尾によって、次の春を迎える。この時、すべてはメスだけ。それなら、何もオスを産むことはなかったじゃないか。そのままメスを産み続ければいいのに、とわたしは思った。オスは交尾の道具に過ぎない。そんな手間をかけることに、どんな意味があるのか。

でも、アリマキのメスがメスを産み続けたなら、どういうことになるか。福岡さんは教えてくれた。

次の春にまた同じような形質のアリマキが産まれる。春が、一年巡ってまた同じ春ならいい。気候が変動しなければ、火山が爆発しなければ、地球環境が安定していればいい。しかし、次はどん

なのだ。
あふれている。クローンのいのちは絶滅を意味する。「想定する」ことは危険すぎる。愚かなこと
な春になるか、わからない。変わっても、予測がつけばいい。地球や宇宙は、予測できないことで

寿命と生殖によって、「想定」できない「いのち」を獲得した。それが生物の叡知だった。

実は、わたしは、障害者をテーマにした季刊『コトノネ』を発行するにあたって、二〇一一年八月、下準備のために初めて障害者福祉施設を取材をした。そのデビューで、いきなり挫折した。障害者と向かい合うなり、わたしは、障害者が苦手であることを確信した。きっと表情が強張ったことだろう。施設長から、そっと耳打ちされた。「うちの子たちは、勘が鋭いんです」。軟弱な崖が崩れ落ちるようだった。障害者のことを知らず、関心もなく、さらに商売にする意欲もまったくなく、さらに、障害者が苦手なわたしがやれるのか。やる意味がどこにあるんだ。第一、それは、障害者やそれにかかわる人たちへの冒涜ではないか。辞めた方がいい……。そんなことばかりが胸につかえていたとき、「想定できないこと」こそ、いのちの叡知の考え方に行き着いた。障害者の存在こそ、生命の叡知の結果なんだ、と思ったとき、わたしは、とても楽になった。苦手でもやっていいんだ。酒屋にだって、下戸の主人はいる！

「想定外」が、叡知であることを探そう。みんなにその事実を伝えたい。そう思って連載〈ぶっちゃけインタビュー〉を始めた。

わたしたちが食べているコメは、植物学的には「障害」であると知ったとき、感激した。〈ぶっちゃけインタビュー〉の取材で、雑草学者を名乗る稲垣栄洋さんに教えていただいた（本書二二一

ページ）。いまのコメは、一万年前に変異で生まれた。一万株に一つぐらいしか現れない。実っても穂から実を落とさないコメなのだ。穂から実が落ちないから、収穫できる。人間にはありがたい。けれど、植物が、子孫を残すには不利だ。本来は稲が実ったら、パラパラとモミを落とす。地に落ちるから、また翌年、コメを実らせることができるのだ。

われわれが愛すべきコメは、植物学的には「障害種」。人の手を借りないと絶えてしまう。植物学的に正統なコメは「雑草米」と呼ばれて、農家に嫌われながら、いまも生きている。時代が変われば、どう呼ばれるか、わからない。

この本の中から「想定外」を見つけてください。少しうれしくなるはずです。

1
地域に根ざす

自由からフェアへ

大友良英

大友良英（おおとも よしひで）
1959年、神奈川県生まれ、９歳から福島で育つ。映画やテレビの音楽を数多くつくりつつ世界各地のノイズや即興の現場がホームの音楽家、ギタリスト、ターンテーブル奏者。一般参加のプロジェクトも多数。長年にわたりアジア各地のネットワークづくりにも奔走。震災後は故郷の福島でも活動。2012年芸術選奨文部科学大臣賞芸術振興部門受賞。2013年『あまちゃん』の音楽でレコード大賞作曲賞受賞。2017年札幌国際芸術祭の芸術監督。2005年から、知的障害のある子どもたちとともに、音楽活動「音遊びの会」も続けている。著書に、『MUSICS』（岩波書店）、『シャッター商店街と線量計』（青土社）、『ぼくはこんな音楽を聴いて育った』（筑摩書房）など。

大友さんは、日本では数少ない「即興音楽」の演奏家。三〇代はヨーロッパを中心に活動してきた。二〇〇五年から、障害のある子どもたちとも即興演奏の活動を始めた。東日本大震災をきっかけに、故郷・福島で「プロジェクトFUKUSHIMA!」(※1)を立ち上げ、コンサートで元気づける。二〇一三年には、「あまちゃんバンド」(※2)で世の中を湧き立たせた。

多彩な活動のどれも、これも、一つの根っこでつながっていた。やっと、大友さんが一人になった(あれ、これも間違いかも。やっぱり、一人の人も一つじゃないかも)。

(※1)「プロジェクトFUKUSHIMA!」

東日本大震災発生後、音楽家の遠藤ミチロウ、大友良英、詩人の和合亮一が代表となって設立。当初は震災後の福島の中で何が必要かを模索するプロジェクトとして始まり、フェスティバル、ワークショップ、動画配信などを行った。同年八月一五日に福島市内で約一万人が来場した「フェスティバルFUKUSHIMA!」を開催、演者と観客、作者と鑑賞者といった関係を越えて参加できるプロジェクトを進め、この際会場に敷かれた大風呂敷はプロジェクトを象徴するビジュアルイメージになった。二〇一三年に始まった盆踊りは各地にも伝播しいまも続いている。二〇一五年から山岸清之進が代表を務める。

(※2)「あまちゃんバンド」

大友良英さんが音楽を担当した、NHK連続テレビ小説『あまちゃん』(二〇一三年上半期放映)のレコーディング参加ミュージシャンで構成された、スペシャルビッグバンド。

「違い」を受け入れようよ、誰もが「違う」んだから

――名古屋のちくさ正文館書店さんで、『コトノネ』を扱っていただいていまして、店長にご挨拶に伺ったんですよ。そのとき、大友さんのことを聞いて、ご著書『MUSICS』[※3]も勧められて……。

大友 ああ、古田さん[※4]ね。筋金入りの本好きで、最高の知識人ですよね。商売もうまいんだ（笑）。

――それで、大友さんは、障害者の人と関わって音楽活動をされている、と教えていただいたんです。

大友 神戸の「音遊びの会[※5]」ですよね。障害者と関わっているっていうのとちょっと違うけど……。

――あぁ、僕、いきなり踏んでしまいました？（笑）

大友 いやいや、言い方なんですけど、結構大切なことで……。それ「健常者」と関わっていらっしゃいますよね、って言われるのといっしょじゃないですか。俺なるべく固有名詞でいきたいんですよ。アメリカ人とじゃなくて、アメリカの誰々さんとか、どこどこのグループと関わっているっていうなら言える。で、障害者と関わってるんじゃなくて「音遊びの会」っていう障害者のいるグループといっしょに活動して、九年くらいになりますね。

――障害者でも、何だって、一つにくくるな、と言うことですね。

大友　僕は、福島の出身ですから、東日本大震災以降、海外に行くと「福島の方は、いまどう思ってられるのですか？」って訊かれるんです。でも、答えようがない。僕は、こう思います、とか、僕の知っている人は、とかしか言えない。僕は、福島や日本を、代表しているわけでもないし……。

（※3）『MUSICS』
　二〇〇八年、岩波書店刊。一つの響きから未知のアンサンブルへ。ジャズ、ノイズ、うた、映画音楽――多様な場で音楽を発動する大友良英の話し言葉と書き言葉による複数の思考。

（※4）古田一晴（ふるた かずはる）
名古屋・千種区にある「ちくさ正文館本店」の店長。一九七四年、ちくさ正文館にアルバイトで入社。それ以後四〇年にわたり、文学好きな経営者のもと、〝名古屋に古田あり〟と謳われる名物店長となる。二〇一三年に『名古屋とちくさ正文館』（論創社）を出版。

（※5）音遊びの会
　二〇〇五年に神戸大学の大学院生らが中心となり結成。知的な障害のある人とその家族、音楽家や舞踏家などのアーティスト、そして音楽療法家が集まり、即興演奏を通して新しい表現を開拓することを目的に活動している。月二回の地元神戸でのワークショップをベースに、日本各地、イギリスなどの遠征公演も多数開催。

一つになるって、怖いよね

——福島の被災地だって、思いは一つじゃない。

大友　バラバラですよ。だから、一つにするような考え方は止めた方がいい。見方を含めてね。

　一つになろう、絆ってキャンペーンがあるけど、本音と建前を許さない感じがあって苦手だな。人間ってそんな立派じゃないから、無理なことやると必ずひずみが出ちゃう。具体的にやり出したら必ずもめちゃう。だから一つになろうと思わない方がよっぽど楽にいっしょにやっていけるな、と思ってるんですよ。

——震災に関係なく、昔からの考えのようですね。

大友　たぶん、福島への転校経験ですね。小学校三年のときでした。それまでは、横浜で、楽しくのびのびやってて、勉強もソコソコできたし……。転校した途端、言葉は違うし、なんか閉鎖的な感じがしてなじめなかった。

　音楽の授業になったら、みんな突然笑いながら歌うんですよ。ウィーン少年合唱団みたいな、あの「あー」っていうファルセット(※6)の声で。みんな、うまいの。俺、そんなことやったことないので、まず「あー」って歌ってるのにびっくりして。みんなの顔見たら笑ってるし……。これも恐怖でびっくり。あとでわかったんですけど先生が笑いなさいって指導するんですよね。歌いながら、そこは笑うって。

これは、いまも合唱でやられていると思うんですけど、子どもだったから、それがよくないとか変なことだとは思わずに、きっと俺もがんばってやろうとしたんでしょうね。

――違和感があったけれど、合わそうと……。

大友　でもね、俺、歌下手だったし、「あー」って声が出せなかったんで、いきなり地声で歌ったら、森進一とか言われて。森進一、歌うまいですけどね（笑）。

――成績、悪かったんですか。

大友　音楽と体育だけ、「2」。音楽の仕事につくなんて思ってもみなかったし、とにかく音楽の授業が大嫌い。そういうのがきっと根っこにあって、「みんな一つ」っていうのが嫌いなんだと思うんです。

プロになって考えると、歌を教えるのに感情まで教えるっていうのは、間違っていると思うんです。そこは笑いなさい、って教えることじゃない。感情は自分で考えればいいじゃないですか。

いい合唱をするためには、もちろん全員がおんなじ方を向いておんなじ感情を持った方が

（※6）ファルセット
地声の最高音（head voice）より高い「裏声」のこと。

アンサンブルはまとまりますよ、きっと。だけどそういう音楽がホント、いまでも嫌いで。

『あまちゃん』の曲も、一〇人ともバラバラに演奏

――人を一つにするな、みんな違うんだ、が、大友さんの「根っこ」ですね。

大友　『あまちゃん』のテーマ曲だって、感情とかをそろえてないんですよ。タラッタッタッタっていうリズムを、みんなでユニゾン(※7)で演奏しているだけなんですけど、よーく聴くと十何人がバラバラなんです。クラシック的に言えば失格です。ブラスバンド的にも失格だけど、みんな微妙にちょっとずつずれているんですよ。

　メンバーはもちろんみなうまい。でもキチッと揃えるように方向付けしなきゃずれるんです。ちょっとした歌い口の差が出て。ほんのちょっとした差。でも、そのずれが個性になって、人数がいっぱいいる感じがするんですけど、これをクラシックのオーケストラのように完全に一致させると、今度は、顔がいっぱい見えるんじゃなくて、オーケストラっていう一つの機械になっていくんですよ。ものすごくよくできた、音色が生まれるんです。一体化して。

　僕は『あまちゃん』で、一体化した音色を生むんじゃなくて、一〇人が演奏したら一〇人の顔が見える一〇人分の音にしたかったんです。

――なるほど。「即興音楽」や「ノイズ音楽」など、大友さんの音楽テーマそのもののように思え

てきました。

大友 そう。即興演奏のおもしろいのは、最初からこういう風な音楽にするっていう約束事がないこと。だから誰かが最初に音を出したら、それをどう音楽にしていくか、あるいはしていかないかっていうのを、ステージ上で考えるんですよ。一つの音に対して、誰もが同じ見方をするんだったら、即興演奏でやる意味がないので。やってる人も探り探りなんです。

――ということは、メンバーの出している音を無視して、音を出すのも、ありなんですか。

大友 ゼンゼンありですよ。全部反応しなきゃいけないなんてことは、ない。第一、人間って、基本的には起こっていることをちゃんと把握できないんですから。その前提に立っているんですよ。

音楽なんか、相当訓練したって、こっちでカチャカチャ（コーヒーカップの音をさせながら）ってやってるときに、なんかこっちで小さい音がカサって鳴ってたとすると、ホントに両方把握できるかっていうと、できるときもあるし、できないときもある。特に、同時並行に進むっていうことを認知するのは、人間は苦手で、お釈迦様とか、キリストとかはできたかもしれないけれど、僕はむしろ、そこの人間が認識できないことをやれちゃうから即興演

（※7）　ユニゾン
複数の楽器で同じ旋律を同時に奏すること。

奏がおもしろいと思っているんです。作曲だとそれムリなんですよ。認識していることだから。

レコードの針の音は、ノイズなのか

――だったら、すべての音は、ある意味でノイズでもあるんですね。

大友　いきなりそこですか。でも、まあそういうことでもあって、そういうことでもない、こう言うと仏教的になっちゃうけど（笑）。

――昔は、レコード盤回してましたよね。あの時、針の音が入りますよね。それは明らかにノイズですよね。だけど……。

大友　あれがあるといいでしょう（笑）。それで言えることは、どんな音でもノイズになる可能性もあれば、音楽になる可能性もあって、あのレコード盤のノイズでさえ最初はノイズと思っていたものが、それをずっと聴いて慣れ親しんだ人にとっては、それがないと欠落感を覚えるくらい、まあある種音楽って言っていいのかわからないけど、音楽の一要素になっていたっていうことで。だから、どんな音でも音楽になる可能性があるし、ノイズになる可能性もあるっていうのが正しい、っていうか正確なところなんですよ。

――ノイズのままにするか、音楽として、音をとり出すか、脳の作業ということですね。

大友　もう、これから寝ようと思っておやすみなさいって言ったときに、いきなり耳元で

ガッと鳴らしたらうるさいじゃないですか。パブロ・カザルス（※8）のチェロだろうがジョン・レノンの歌だろうが、ノイズですよね。だから音楽になるか、ノイズになるか、というのはシチュエーション次第。それを決められるのは聴いている人だけで、つくっている側はそんなこと言う権利はないって、俺思っているんです。だから昔のクラシックの理論書だと、楽音はこれです、これはノイズです、っていう言い方平気でしちゃうけど、つくる側がそんなこと言うのはどんだけ、おこがましいかって思ってて、それは、やっぱり西洋近代の人間はすべてを把握できるっていう大前提に立った上でそういうことしてるんだと思うんですけど……。

異変があったら、どうするの

――そんな自分勝手な世界なんて、障害者の人は、「知らんわ」ですね。障害者には、権威は通じない。

大友　「音遊びの会」で、障害を持っている子といっしょに演奏をやってみて、気づいたこ

（※8）　パブロ・カザルス
スペインのカタルーニャ地方に生まれたチェロ演奏家、指揮者、作曲家。チェロの近代的奏法を確立し、深い精神性を感じさせる演奏において二〇世紀最大のチェリストとされる。

とはいっぱいあって。どの音に集中するかっていうスイッチの入れ方が、ずれちゃっている子がいるんですよ。ピアノが鳴っていても、ピアノの音じゃなくて、同時に空調が動いていたら、空調の音をクローズアップしちゃう。

たとえば誰かが、マイクでしゃべるじゃないですか。スピーカーって大体両脇に置いてあるでしょ。誰かがマイクでしゃべったら、その中の一、二割がスピーカーの方を向くんですよ。一般社会じゃまずありえない。スピーカーから音が聞こえていても、一般の人は真ん中の人がしゃべっているという前提で、脳みそが勝手に思いこんで、そう錯覚してここから声が聞こえているっていう風に認識するんです。ところがその一、二割の子の認識がそうならないんですよ。要するに音と視覚の認識が結びついてないんですよ。だからスピーカーの方を見ちゃうんですよ。

――声とともに、表情を見て、コミュニケーションをするようになっているはずですが、それを切り離してしまう。

大友　ある意味、正確だとも言えるけど、社会生活を営む上ではとても不便だと思う。なぜかと言えば、そうやってスピーカーを置いているのは健常者の規準に合わせて置いているわけだから。健常者はそのことにまったく疑問を持たないですよ、当たり前だけど。これに疑問を持つのは音や音楽の専門家か、ある種の障害を持った人。それって障害と言えるかどうかはよくわからないけど、少なくとも知的障害と言われる子の中の何割か、一、二割はそういう動き方をしちゃいますね。

——逆に言えば、われわれは見たものを見ているんじゃなくて、頭にあるものを見ていることが多い。

大友　そうだと思います。頭の中に多分、地図があるんですよ。そこに当てはめていくっていうのが、普通の人間が社会生活を営むっていうことで、僕らは頭の中に地図がないものは見えないし聞こえないし、認識できないんですよ。

頭の地図にないものを、僕らはノイズって呼ぶ。でも頭の中にあるものなんか現実の中の一部なんですが、なるべく、ノイズを減らして、早く目的地に向かうように訓練されているんでしょうね、われわれは。

——効率的にスピーディに。ノイズを減らして、聞かない耳にして生きてきたと思うんですけども。逆にそうなると世界が狭くなってね……。

大友　これだと異変があったりしたら対応できない。ノイズを減らすんじゃなくノイズはあるもの、ともに生きた方が異変に対応できる。

フェアに生きよう。いっしょに生きよう

——いままでの道はなくなって、知らない、不気味な道ばかりになって……。

大友　何の異変もなく、通いなれた道だけで、ずっと幸せな生活が成り立つなら、それでも

いいんだけれど。そんなことないし、特に日本にいると異変がものすごい多いでしょ。この先も起こるでしょ、天変地異が。そのときにマニュアルのような考え方だけでやっていくとかなりムリがある。

障害者との付き合いだけの話じゃないですよね。考え方の根本としてそうしていかないと、おそらく社会自体がすごい脆弱なものになっていくような気がして。だから寄り道重要ですよね。

――だから、大友さんは、障害者の人と「音遊びの会」をやって、ノイズと思っていた中から、音を見つけられるのですね。

大友　なんでも、簡単にひとくくりにしない、それが基本。社会的な活動にしても、「理想」を描いてスローガンを掲げててそれを目指すと、手段を選ばなくなって嫌なんです、そういう安易なの。

――何が何でも「一つにする」生き方ではなく。

大友　自分の身の回りと向き合って、何がいい方法かを考えながらやっていったら結果的にこうなった、っていうのを見た方がいいんじゃないかな。そこで大切にしなくちゃいけないのはフェアさだと思うんです。いままで「自由」を叫んでいたけれど、これからのキーワードは、「フェア」ですよ。

「音遊びの会」の音楽のやり方もそうなんですけど、これがすばらしい音楽の形ですっていって目指すんじゃなくて、とりあえず障害を持ってる子と大人がいっしょにやるにはどうすればいいかやってみる。そのときいきなり作曲したものをやらせるって、なんかフェアじゃない感じがするんです。でもその場で音出しながら即興でやるんだったら、まあフェアかな、と。じゃあ即興でやろうと。

その即興でやった結果がどうなるかわかんないけど、つまんないかもしれないけど、でも、ときどきすごいおもしろいことも起こるし、何が音楽でノイズかなんて、やっててもわからないし、だからお客さんも、いろんな聴き方を発見して、楽しみ方を増やしてよ、って……。

――ノイズと思っていた世界に、人生の楽しみ方を見つけましょう、ノイズ万歳、を結びとさせていただきますね。

災害が教えてくれた多様性とレジリエンス

新　雅史

新 雅史（あらた まさふみ）
1973年、福岡県生まれ。現在、流通科学大学商学部専任講師。東京大学人文社会系研究科博士課程（社会学）単位取得退学。専門は、産業社会学、スポーツ社会学。著書に『商店街はなぜ滅びるのか』（光文社新書）、『「東洋の魔女」論』（イースト新書）がある。共著として『大震災後の社会学』（遠藤薫編著、講談社現代新書）、『ネットメディアと〈コミュニティ〉形成』（遠藤薫編著、東京電機大学出版局）など多数。

新雅史さんの著書『商店街はなぜ滅びるのか』(※1)は、商店街がシャッター街に変わる理由を教えてくれた。商店主は、行政の支援に頼り、自己変革を怠ったからだ。けれど、東日本大震災のとき、ボランティアがガレキ撤去に動いたのは、大規模なショッピングセンターではなく商店街だった。忘れられつつあった商店街から動き出した。「いつもを頑強する」より、レジリエンスを高めるまちのあり方や人の生き方が問われているのではないか。

被災地に居場所がなかった

――早いものです。東日本大震災から五年が経ちます(二〇一六年収録当時)。いまも被災地にボランティアに行かれてますね。

新　東日本大震災が起きてからもしばらく、東京にいました。若いころ、阪神・淡路大震災

(※1)『商店街はなぜ滅びるのか――社会・政治・経済史から探る再生の道』二〇一二年、光文社新書。商店街が、いつ、どうして発明され、繁栄し、そして衰退したのか。郊外型ショッピングモールの林立だけが、商店街衰退の原因なのか。商店街の再生には、何が必要なのか膨大な資料をもとに解き明かす、画期的な論考。

のボランティア活動に関わり、多くの友人も被災地で支援活動に携わっていましたが、わたしが行っても足手まといになるだけのような気がして……。多くの東京の人たちもそう感じていたのだと思います。

――でも、結局行かれた。

新　ええ、恩師である遠藤薫先生(※2)から、「こうした状況のなかで、なにも社会に発信できないのは社会学者としていかがなものか」と言われまして。その後も、「あなたは若いころ、ピースボート(※3)をやっていたんだから、ボランティアのことを調べるべきだ」と背中を押されて。それで、ピースボートが支援していた宮城県の石巻に行きました。最初に行ったのは二〇一一年の六月でした。

――その結果は、遠藤先生の編著で『大震災後の社会学(※4)』という本にまとめられました。現地では、どういうことをされたんですか。

新　石巻には毎週行きましたが、一、二日しか滞在できなかったので、商店街のお店にたまったガレキを片付けたり、都市計画の方によるワークショップに参加したりしました。本当は、社会学の専門性を活かしたかったのですが、思いが先行するばかりで、どう現場と向き合って関わればよいかわからないまま時が経っていました。

毎週深夜バスで石巻に出かけていたんですが、金銭的にも体力面でもキツかったですね。このまま続けられるのか、と思っていたところ、以前所属していた研究室の先生から誘われて、二〇一一年の秋ぐらいから、岩手県の大槌町に行くようになりました。

――大槌では、何を。

新　避難された方の仮設住宅の団地のコミュニティ組織づくりです。自治会に代わる組織をつくる支援です。社会学者としての専門知識をそれほど活かせるわけではないのですが、都市計画や看護学を専門とする方と協力しながら活動を進めてきました。それはいま

（※2）遠藤薫（えんどう　かおる）
学習院大学法学部教授。専門は社会学（社会システム論、社会情報学）。主な著書・編著書に『ソーシャルメディアと〝世論〟形成――間メディアが世界を揺るがす』（二〇一六年、東京電機大学出版局）、『ロボットが家にやってきたら…――人間とＡＩの未来』（二〇一八年、岩波ジュニア新書）など多数。

（※3）ピースボート
世界一周の船旅をはじめ、国際交流の船旅をコーディネートするＮＧＯ。後に政治家となった辻元清美ら、早稲田大学の学生数名が一九八三年に設立。阪神・淡路大震災をきっかけに災害救援活動もはじめ、トルコでの大地震、ハリケーン・カトリーナなど、世界各地の災害支援を行っている。

（※4）『大震災後の社会学』
二〇一一年、講談社現代新書。「未曾有」と形容される東日本大震災は、日本社会が抱えるシステムの問題を顕在化させることになった。政治・国家の不在、防災システムの問題、先延ばしにしてきた地域振興の問題、メディアを巡る問題……。わたしたちはこれを契機に、よりよい社会をつくっていくことができるのか。遠藤薫（※2参照）の編著で、期待の若手社会学者たちが参加したレポート集。

（二〇一六年収録当時）も続いています。

――コミュニティ支援とは、どんなことですか。

新　仮設団地は、津波の被害を受けておらず、住宅の建っていない場所に設けることがほとんどです。そのため、居住地域に必要な街灯などが整備されてなくて、日が落ちるとたちまち危険になります。実際、一緒に活動していた先生は、暗闇のなかで崖に落ちてしまい、ひどい骨折をしました。わたしたちは、仮設団地の居住者と団地の周りを歩いて、どこが危険かを確認し、それをマップにまとめました。また、建築専攻の学生さんを中心として、収納や結露の問題をどのように解決すればよいかを冊子にしました。

その後、「仮設」から「本設」への移行に関わるお手伝いに変わりました。大槌は、人口一万人ほど。まちなかの商店街はほとんど津波にさらわれました。住宅再建やインフラ整備に加えて、人びとが集う商業空間を構想する必要があります。どのような方針をもとにまちなかを再建すればよいか。その検討委員会の委員を引き受けました（二〇一六年収録当時）。この委員会には、地元の行政関係者、商店街の方に加えて、まちづくりの専門家など、わたしを含めて外部の人間が加わっています。

商店街のガレキ除去は早かった

――話は進んでいますか？

新 どの被災地でも同じだと思いますけど、ほかの地域に増して高齢化と人口減少が早く進んでいます。それは災害と関係なく、震災前からそうでした。こうした将来の見通しの悪さもあって、後継者も少ないというハードルがあります。また、震災前に土地を持っていたかどうかも、事業の再建に大きく関わります。土地がなければ、新しく場所を借りないといけませんが、そのためには家賃を支払うのに見合う物件がないといけません。それ以上に、将来に対して明るい見通しを持ってなければ、事業を本格的に再開することはできないでしょう。さまざまな課題があるなかでの話し合いですから、すんなり進むということはありません。

――でも、石巻などのガレキ処理は、ショッピングセンターなどと違い、商店街は早く進みましたね。ボランティアが大勢参加して。

新 石巻の商店街では、商店主が動き出すより早く、ボランティアがガレキ処理に動き出しました。それに比べて、ショッピングセンターの周辺では、そうした取り組みは遅かったようです。同じ県内の多賀城市のヤマダ電機やイオンのあたりでも大変な被害があり、周囲はガレキだらけだったのですが、二〇一一年六月段階でボランティアが見当たらなかったことを覚えています。こうした場所は、企業が自力で再建すればよいのでは、そうボランティアの方が考えたのかもしれません。

――大きなショッピングセンターやスーパーは自力でできる。商店街は非力でできない、若いオレたちががんばってやらなきゃ、というパワーだけの問題ですか。

新　日本のショッピングセンターは、一つの企業がその空間を管理していて、消費者は開店から閉店までしか居ることができません。テナントに入居している従業員であっても、管理外の時間に居続けることは不可能でしょう。しかし、商店街は、こうした一律の管理はありえません。そこには道路があって、それぞれのお店がある。道路を閉鎖することはできないお店も、それぞれの店主が管理していて、いつ開けていつ閉めようが、誰からも文句は言われない。つまり、ショッピングセンターよりも、存在のありようが多様なのです。この商店街の多様さが、東日本大震災の時のような、市民が関わることの余地を作り出したように思います。

――ショッピングセンターは、企業に所属して、商店街は、地元のもの、みんなのものという意識。

新　商店街であれ、ショッピングセンターであれ、地域の人びとが多くの体験を積み重ねている場だと思います。商店街を昔、お父さんといっしょに通ったな、別れた彼女と何度もショッピングセンターで遊んだな、とか……。その大切な記憶の一シーンの場所を残したいと思っても、ショッピングセンターは一企業の判断で、すべてが壊される可能性があります。商店街は、一市民として関わることができる余地が残されています。

――ショッピングセンターには、お客としての参加資格しかない。

新　もう一つ言うならば、商店街は、公的空間と私的空間の中間のような存在であると思います。商店街の前の通りは、道路という公有地ですが、そこには商店街のアーケードや街灯がある。場所によっては、お店の看板が残っていたりする。道路上に、お店の一部が溶け込んでいるのが、商店街です。東日本大震災のときのボランティアは、道路や側溝のがれきを片付けながら、お店のことに想いが至ったはずです。お店の什器や商材がガレキの一部となっているわけですから。どういった店主が、どういった商いをされているのだろう。こうして多くのボランティアが、お店内部まですすんで片付けていったのです。

快適さよりレジリエンス

――おもしろい話ですね。普段は整然とした快適さを享受していて、不便さを毛嫌いしているのに、何か困ったときは普段は不便を感じている方を支援する、と。

新　災害がない時は、ショッピングセンターのように一律で管理されている方が、消費者にとっては居心地がいいのでしょう。商店街は、営業時間もバラつきがあるし、清潔な店の隣に、不潔そうな店があったりする。やる気のある店もあれば、そうでない店もあったりする。こうした不揃いの状態というのは、管理を万端にしているショッピングセンターやコンビニとは大きな違いあります。ですが、ショッピングセンターやコンビニは、管理が万端であるがゆえに、消費者としての心地よさがあっても、その場所の在り方に市民として関わることは難しい。

大きな災害が起きると、さまざまな支援を受けないと、まちが機能しません。そんなときに、ショッピングセンターのような空間しかないと、レジリエンス（復元力）[※5]が弱まります。

——暮らしの手段を一つに頼っていたら、あぶない。

新　「ここの場所だったら自分たちが関わってもいいよ」っていう感覚は、商店街とショッピングセンターの話だけでなく、いろんな場所にも当てはまるんでしょうね。

たとえば、この場所はボランティアとしては関わりやすいけど、日常的には利用しづらい、という場所があるんだと思います。なぜ、わたしたちがそのように感じるのか。震災をきっかけに多くの人がそのようなことを考えたと思います。レジリエンスが強い暮らしとは、なんなのか、という思いも深まったのではないでしょうか。

——でも、震災の前から商店街は衰退していた。単に、人口減少のせいではないですよね。

新　社会全体の消費者ニーズを拾えなかったということもあるけれど、商店が自分たちの中で閉じている、というのがいちばんの問題だったのではないか、と思います。

災害のときは、多くの人が商店街に関わって、支援がありました。商店街は、お店の人だけで形成されたエリアではない。地域に住む人びとが長年通い続けて、関心を持ち続けたことで、場として意味を持っているのだと思います。そのことを商店街の当事者こそが認識しないといけません。

まちづくりは障害者施設から

――ショッピングセンターは、商売だけか、商売のために地域を支援する組織。商店や商店街は、本来はともに暮らす仲間。大きな違いです。

新 なぜ、その意識が災害のときにしか呼び起こされないのか。

店舗や商売に対する〝所有〟の意識があまりにも強すぎるところに問題があるのかもしれません。商売が苦しくなると、建物を壊して駐車場にしたり、あるいは商店街の秩序を壊すような業界、たとえば一〇〇円ショップやコンビニエンスストアに場所を譲ってしまった。こうしたことを行いながら、地主だからと、商店街の運営に発言する。地域の暮らしから考えるのではなく、自分の権利を主張する場になってはいないでしょうか。こうしたことは、東京や大阪のような大都市以上に、日本中の地方都市で起きたことだと思います。

――地方では、その反省から新しい商店街づくりが起こっています。

新 そうです。地域づくりに目覚めた商店街もあります。空き店舗や空きビルを買い取るよ

（※5） レジリエンス（復元力）
一般的に「復元力、回復方、弾力」などと訳される。近年は特に「困難な状況にもかかわらず、しなやかに適応して生き延びる力」という心理学的意味で使われるケースが増えている。

うな動きもあります。そのうえで、テナントが入りにくい二階以上を改装してシェアオフィスに入ってもらい、それを原資にして、一階部分に、地域の食材をつかう飲食業さんや地域ブランドを丁寧に築いている物販店を誘致する動きもあります。大資本が手掛ける郊外のショッピングセンターでは、こうしたテナント構成は難しいでしょう。まちの記憶が息づいている商店街だからこそ出店したい。そのように考えている若手の事業者が増えている動きは大変心強く感じます。商店街という場の可能性は、ようやく形になりつつあるように思うのです。

――お金儲けからだけではなく、地域のニーズをくみ取って、地域とともに存続する商店でなければいけない。地方では、障害者施設が、つぶれた店舗を借りてカフェにするとか、跡継ぎのいないクリーニング屋をそのまま継いで続けるといった話を聞きます。

新　これからは、障害者施設こそ、社会的企業の役割を担えるのもしれません。

障害者施設ではありませんが、東京・山谷に「ふるさとの会」(※6)という組織があります。そこでは、生活保護の住宅扶助の資源を使って、さまざまな事業をやっています。住宅扶助の金額は、東京区部は一律です。山谷エリアは、家賃の水準が低いから、その差額を生かして、さまざまな活動をまかなっています。簡易宿泊施設を一棟ごと買い取って、福祉施設を運営したり、商い的なことをやっていたりする。そのことで福祉の対象者だけでなく、地域の人たちの暮らしが助かり、仕事も生み出されます。福祉のお金を閉じた形で使うのでなく、地域社会での循環を意識しているわけです。

近年、障害者施設が商店街に立地することが増えています。商店街には跡継ぎがいなくて店を閉じるところが多い。そのスペースを、福祉事業者が引き受ける。利用者の便は損なわないし、障害者の仕事も生まれやすい。そして、何より商店街にあることで、障害者のお仕事の様子を、商人や住民も知ることができます。これも商店街という場の可能性を示しているように思います。

――ロンドンの最貧民地区の教会からはじまったまちづくり(※7)が注目されていますね。教会のスペースを格安で音楽教室やダンス教室に貸し、その教室は幼児連れの親子のために託児室を借りる。少額だけれど無料ではなくお金を取る。そして、次々、お金が回りだし、仕事を生み出した。

(※6) ふるさとの会
路上生活者などの生活困難層を主な支援対象とし、宿泊所の設置・運営による住宅保障、地域生活へと移行した後のアフターケア、稼働年齢層への仕事づくりなどを行なっている団体。

(※7) ロンドンの最貧民地区の教会からはじまったまちづくり
ロンドンのイーストエンドの最貧民地区にあるブロムリー・バイ・ボウ・センター。一九八四年、この地区の教会の牧師となったアンドリュー・モーソン氏が創設した。モーソン氏が赴任したとき、信者はわずか一二人。教会の運営すら難しいのに、ボランティアを活用しながら、地区の困りごとを仕事に結び付けていった。ロンドン再開発のモデルとして、世界でも注目されている。

新　長く生きることは、何らかの障害を持つことと同義です。子育てや生活困窮者も含めて、ほとんどの人が、何らかの福祉的支援が必要になっています。生き続けること、暮らし続けることの延長線上に福祉がある。だったら、福祉と商業を切り分けず、自分たちのニーズを満たす空間を、地域のなかで用意していけばよいと思います。いくつかの商店街で、障害者の就労拠点ができています。あるいは、商店街組織が社会福祉協議会などと連携して、居場所をつくる動きも盛んです。商店街は、商いというだけに留まらず、地域のなかで生き続けるための備えの場になれるはずです。こうした実践が積み重なれば、次世代に継承できる商店街が確実に増えていくことでしょう。

――障害者は大切な労働者であり、お客さまでもある時代ですね。働いて、税金を納めて、気持ちよく買い物をしていただけるような福祉施設づくりに努めたいですね。

障害者の「生きる覚悟」

いがらしみきお

いがらしみきお

1955年、宮城県生まれ。地元の工業高校中退後、広告代理店、印刷所勤務を経て、1979年24歳で4コマ漫画家としてデビュー。その独自なスタイルと過激なギャグで圧倒的な支持を得、多くの漫画家に影響を与える。1984年突然休筆宣言をし、すべての連載を中止したが、1986年ラッコを主人公にした『ぼのぼの』(竹書房)でカムバックし大きな反響を呼ぶ。1993年初監督作品・映画『ぼのぼの』を公開。少年漫画に挑戦したヒット作『忍ペンまん丸』(エニックス)をはじめ、インターネットに連載という斬新な企画が評判を呼んだホラー漫画『Sink』(竹書房)、自身の経験を織り込み、東北での農村生活をテーマにした『かむろば村へ』(小学館)などジャンルにとらわれない数多くの作品を発表。

映画『ジヌよさらば』(※1)の原作、漫画『かむろば村へ』(※2)は、「お金アレルギー」の青年が主人公だと知ったとき、ただただ、うらやましかった。

花粉や水や卵などのアレルギーは困る。

しかし、お金アレルギーなら救われる。お金に縛られずに生きられるじゃないか。お金があれば快適な暮らしが買える、成功者の証しにもなる、名誉も手に入るなどの妄想から自由になれる。いっそ、みんなでお金アレルギーになろう。

「とりあえず」で生きている

――スタッフから、「お金アレルギー」の青年を主人公にした漫画のことを聞いて、それは、万人理想のアレルギーや、と感動しまして、伺いました。

(※1)『ジヌよさらば～かむろば村へ～』
二〇一五年に公開された日本映画。監督は松尾スズキ。主演は松田龍平。「ジヌ」とは東北弁で銭、金のこと。

(※2)『かむろば村へ』
『ビッグコミック』(小学館)で二〇〇七年から二〇〇八年に連載。銀行員でありながら、金アレルギーになり、お金を一切使わない生活を目指して東北地方の寒村にやってきた主人公と、一筋縄ではいかない村民たちの物語。

いがらし　お金に触ると、ジンマシンが出るとか、そういう病気とか、恐怖症がすでにあるんじゃないかと思って調べたんですが、なかったですね。あってもよさそうですけど……。みんな、お金は好きなんでしょうか。

――電車のつり革が持てないとか、極度に潔癖症の方がいらっしゃいます。でも、お金はいいんですね。つり革より、お金の方がもっといろんな手で触られてます。どうしてお金のアレルギーがないんでしょうか。

いがらし　ほんとですよね。お金ほどみんなに触られるものってないように思いますが。

――ご自身は、お金アレルギーは？

いがらし　いやもう、好きですよ（笑）。くれるって言うんであれば、なんでももらう方ですから。

――そうですか、すんません、うち、謝金の用意がなくて（笑）。

いがらし　ただ、スポーツ選手や有名企業の社長でも、年俸二〇億とかいうでしょ？　もし自分なら、そんなにいらない。五億でいいですって言いますね（笑）。

――そりゃ、五億円なら、わたしもいいです（笑）。でも、五億円あれば、何に使います？

いがらし　いや、買いたいものがないですね。若いころはそりゃあ服とか、新しい電化製品が欲しいとか、ありましたけど、五〇歳過ぎたあたりから、モノを買いたい気持ちがだんだん摩耗してきました。歳のせいだけとは言えませんね。いまの若い人を見ても、物欲があまりない人も多いんじゃないでしょうか。うちの娘は二四歳ですけど（当時）、誕生日とかで何が欲しいかと訊くと、とりあえず靴とか服とか、なにかは言います。でもそれがずーっと前から欲しかったものかと言うと、ちょっと違いますね。ホントに欲しいものって、いまの若い人はあんまりないんじゃないですか。

――「どうしても」じゃなく、「とりあえず」。ビールで終わるような宴会ですね。

いがらし　「とりあえず」、そうですね。うちの嫁さんも誕生日に、何が欲しい？って訊いたら、炊飯ジャーと言われましたが、それは壊れたからだそうです。

お金は考える価値もない

――プラスの快適さではないんですね。

いがらし　壊れなければ買わないものを、欲しいものとは言わないですよね。

――なるほど。お金アレルギーの発想はどこからですか？

いがらし　若い人を主人公にした漫画『かむろば村へ』を描くことになって、編集者から「限定された土地でのファンタジーを描いてほしい」と言われまして、その時に考えました。リーマン・ショックのあと、みんながお金を、まるで酸素か食べ物のように思って、「お金がないと生きていけない」という風潮になっていましたが、その頃、インサイダー取引事件の記者会見の席で「お金儲けてなにが悪いんですか、めちゃめちゃ儲けましたよ」と公言したのが、村上世彰[※3]でした。彼がテレビカメラの前で、そう発言をした時に、そこにいたマスコミの人たちは、一言も反論しなかったんですよ。いや、お金儲けに走るのって、よくないでしょう。お金って個人の物じゃなくて、国や社会の公器というか資源ですよ。勝手に大量に捨てたり燃やしたりしたら捕まったり罰せられるし、個人的に貯め込んで社会に還流しないって、よくないことなのは当たり前じゃないかって、誰かが言えばよかったのに、そのまま帰しちゃった。それで、世間的には、お金儲けの何が悪いっていう言葉だけ残されちゃうわけで、そのあとの世の中の流れになってしまったということはあるんじゃないでしょうか。

　だから、どうしてもお金儲けに走れない人、倫理的なものじゃなくて、なんかこう体質的に、病気というか、一種の精神疾患として、お金アレルギーというものを出したら、どうだろうか。果たして人はお金を一銭も使わないで、生きていけるのかどうか、現代のファンタジーとして、おもしろいかなと思ったんですね。

――そうです、憧れです、お金アレルギー（笑）。お金がなければ生きられない東京は嫌だ、と言っていても、なかなか抜け出せない知り合いが、娘さんがひどい喘息になったから、長野に住まいを移したんです。意志や思想では変えられないけれど、体なら、どうしようもない。

いがらし　お金アレルギーなんです、って言ってしまうと、やっぱり少し楽になると思うんです。いや、全然楽じゃないかもしれないけど（笑）。

――いがらしさんは、お金の世界には関心が薄い。漫画『I【アイ】[※4]』や『誰でもないところからの眺め』(※5)のような世界に生きている。

いがらし　いや、そんなことはないんですが、少なくともいまはお金で苦しんでいるわけではないからでしょう。『I【アイ】』も『誰でもないところからの眺め』も、お金とは対局にあるような世界ですが、お金って、あれば何も問題ない。ないのが問題なんで。だけど、あるのにそれをどう増やすかとか考える人いますよね。わたしはそういう考えがないだけです。あればOKのものなんで、だとしたら何も考えることないじゃないですか。炊飯ジャーが一台あるのに、もっともっと何台も欲しいとは思わないでしょう。お金についてはそういう立場です。あっても解決しないものや、どこにもないから問題なもの、あるのかないのか誰

（※3）　村上世彰
　不動産投資家。旧通産省を経て、一九九九年M&Aコンサルティング（いわゆる村上ファンド）を設立。「もの言う株主」として、注目を集めた。

（※4）　『I【アイ】』
　『月刊IKKI』（小学館）で二〇一〇年から二〇一三年に連載。幼いころから考え続けてきた「生と死、神様のこと」について真正面から挑んだ作品。手塚治虫文化賞に三年連続ノミネートされるなど高い評価を得た。

（※5）　『誰でもないところからの眺め』
　『atプラス』（太田出版）で二〇一四年から二〇一五年まで連載。東日本大震災から三年後の宮城県を舞台にした物語。

にもわからないもの、わたしはそっちの方に行ってしまいます。

——どうしても解けない世界へ。

いがらし　実は子どものころから「この世界がなぜあるのか」とか考えていました。自分が生まれてきた、人がいて、家があって、山や空があるこの世界が、なんなのかわからなかった。誰か知ってる人はいるんだろうと思ってたし、いつか説明してくれるはずと思っていた。当然、誰かがつくったものだろうし、それをつくったのはやはり神様なのか。では、その神様はどこにいるのか、いないのかがわからない。大人は、神様なんかいないと言う人や、いや、いると言う人や、バラバラですからね。

つまり、いまはわからないけど、そのうち誰かが教えてくれるんだろうと思っていた。親が教えてくれるとか、大学に入ると教えてくれるとか、そんなことを考えていましたね。でも、高校生になると、誰かが教えてくれる問題ではないな、と気づきました。そうすると、そんな問題を忘れてしまう人と、いつまでも引きずる人と、二つに分かれてしまう。

わたしは引きずってしまう方だったわけで、その問題を忘れて生きて行くことは、自分の親を殺した犯人がどこかで生きているのに、その犯人を探そうともしないで、毎日飯食って、酒飲んで、ヘラヘラ笑いながら暮らしている人間と同じではないか。自分が生きている世界がなんなのかわからないまま生きているみんなが、とても無責任に思えたし、なんだか腹が立ちましたね。この辺でわたしの基本的な人格が決まったみたいで、だからどこかでいつも世の中に対して反発心があったし、こんなこと考えているのは俺だけなんだろうなという思いを、いつもどこかに抱えた子どもでした。

なんとかなればいいじゃないか

――小さいときにそういう考えに取りつかれて、高校生になって、孤独ですね。それまでは僕がまだ世間をよく知らないから、わからないだけで、世の中には知っている人がおって、ちゃんと教えてくれるという希望を持っていたけれど……。

いがらし　友だちに「なぜこの世界があるのかとか考えたことあるか」って訊いたら、「そんなこと考えるわけねえだろ」と言われましたよ。中学高校と、ふつうに友だちはいましたが、なんだか自分だけ異質な感じで、高校に入ると、ほんとど失語症のようになり、友だちとは口もきかないヤツになっていました。そのころから難聴で、授業もよく聞き取れなくなったり、家出したり、高校中退したりするんですが、いま考えれば、すでにどこか病んでいたかもしれないですね。

――へー。いままで生きてきて、どうなんですか。

いがらし　いまだったら、わたしの漫画を読んで、感動したとか言ってくれる人がいるので、そういう人は友だちの代わりではないですけども、孤立した気持ちは救われますね。それが漫画家になって一番よかったことかもしれない。ファンの人の存在って、不思議ですよ。本人はなぜ好かれてるのかわからないし、多分わたしの何割かを理解してくれている人たちなんでしょうが……。

――この世界がなぜあるのか、自分が、なぜ、ここにいるのかは、わからないままですね。

いがらし　そうですね。わかったとも、理解できたとも言えないです。本を読んだり、人の話を聞いたり、自分で「この世界はなぜあるのか」について考えてきたので、考えたことをいろんな形で漫画にしたら、共感してくれる人がいた。すると、どこかで自分の立場が逆転するんですよ。思いあがった言い方かもしれないけれど、尋ねる方、聞く方だった自分が、教える方、答える方に回ってしまっている。だから、死ぬまで考え続けないとダメだなと思っています。

――読んだ感想は哲学的で難しいと思うんですけど、ものすごく救われた感じがするんですよ。たとえば、『かむろば村へ』の終わりのフレーズがありますね。「必ずなんとかなる。思った通りではないけれども」。僕らは思った通りにならないことが失敗やと思っているんですよね。不幸やと。でも、思った通りにならないのは当たり前で、むしろいままでの人生振り返って、いいことは思った通りにならなかったことが与えてくれたことが多いんです。「思った通り」に呪縛されているんですよ。まるでお金のように。だからね、この必ずなんとかなる。なんとか生きてきている。で、「思った通りにはならない。けど、なんとかなる」が、人生やなあ、と勇気づけられました。

いがらし　映画『ジヌよさらば』でも、「必ずなんとかなる。思った通りではないけれど」

を、原作と同じように最後に出すんですけども、映画ではそのあと「普通だな」っていう、返しのセリフがあるんですよ。（笑）

――えー、どういうことでしょう。

いがらし　それは当たり前だ、ということなんでしょうね。わたしも、そうだと思います。なぜ当たり前のことかというと、われわれは、それでも生きているわけじゃないですか。だからどこかでなんとかなってきたということですが、そのなんとかなってきたということに、みんな気がついていないのかもしれない。思い通りにならなかったことの方ばかり気にして。ですから、まだ生きているっていうことは、たいがいのことはなんとかなってきた結果でしょう。思った通りではないけれど。それが普通の人の意識として、頭の中に浮かぶのであれば、みんなそんなに悩んだりしないかもしれませんね。もう少しテキトーに生きていける。

震災の年の記憶が飛んだ

――なんとかなってきたことに気づかない。「思った通りにならない」ことばかりが意識に上る。東日本大震災でも、そうでしたか。二〇一一年三月一一日午後二時四六分は、仙台のこの事務所で仕事をされていたのですか。

いがらし　そうです。仕事中にいきなり、大きく長い揺れが何度も来て、縦になっているものは全部倒れ、壁にひびが入り……。壁のひび割れは全部そのままにしてあります。不動産屋が直しに来ないので、ドンドン大きくなってしまいましたが。

――あ！　いたる所にひび割れですね。

いがらし　とにかく、余震がいつまでもおさまらないし、片づけるも何も危なくてできないので、アシスタントもわたしも、その日はもう自宅に帰るしかなかった。それでアシスタントのクルマに乗せてもらって帰ろうとしたら、渋滞にハマってしまって、いつもは一〇分ぐらいの距離に一時間ぐらいかかりましたね。わが家もどうなっているのか、不安なままうちの前まで来たら、向かいの奥様とわたしの嫁さんが、路上で立ち話している。なんか拍子抜けしましたね（笑）。

――なんてのどかな（笑）。

いがらし　世間話してましたみたいな感じで、道の真ん中で話してるんで、あれっと思ったんですけど、うちはどうなったのか聞いたら、「いやもう全滅」とか言う。玄関から覗いて見ると、とても奥に入れるような感じじゃなかった。むしろ嫁さんがよく外に出て来れたなと思ったぐらいでした。立ってるものは倒れて、上にあったものは全部落ちてしまっていて、なにが壊れたのかさえわからない。その頃になってメールが来て、嫁さんからのメールだったんですが、一行だけ「うちは壊滅」って（笑）。電話やメールも不通だったので、届くまで四〇分ぐらいかかったんだと思いますが、「うちは壊滅」っていうメールを、クルマの中で見てたらものすごいパニックだったと思うんですけど……。

――「壊滅」と立ち話の違和感がすごい（笑）。

いがらし　嫁さんと近所の奥様の立ち話の感じは、重大な危機が迫っているとか、そんな感じではなかったんですが、実際は、リビングの窓は壊れ、そこから風がスースー入ってくる。電気も止まるし、水も出ないし、ガスもつかない。真っ暗な中で余震がつづいて、天井とか窓の方からコンクリート片みたいなものがパラパラ落ちてくる。飼っていた猫も行方不明でしたが、嫁さんも怖がっているし、家の中で二人だけで毛布にくるまっていても、寒くてしょうがないので、近くの小学校の体育館が避難所になっていたので、そこに避難しました。広い体育館にストーブが二機と、床にブルーシートが敷かれただけで、毛布も配られて、避難した人は一〇〇人ぐらいいたんですけど、寒くてとても眠れない。それで体育マットを敷いてその上で寝たりしてたんですが、暗い中でみんなの使っている携帯の画面だけが光ってましたね。

――じゃあ、何もつかめず、怯えるだけですか。

いがらし　携帯は使えたので、津波は知っていました。渋滞に巻き込まれている際中に、ニュースを見たら、仙台空港に一直線の白い波がさーっと押し寄せている映像でした。それでなにが起きているかなんとなくわかったんですが、ここまで大きい被害が出たというのは知らなくて……。避難所で、バッテリーを気にしながらワンセグを開いてみると、どこか真っ暗な中で、火が燃えている。どこかが火事になってるのはなんとなくわかったんですけど、どこが火事なのかとかは、まったくわからなかったんです。

――避難所には、いつまで。

いがらし　一晩だけでしたね。あまりに寒くて、これじゃあ家にいるのと変わらない。それに猫も気になったし、学校のトイレが水浸しになって使えなくなったので、朝になってから帰りました。三月だけど、朝は雪が降っていましたね。猫は四、五日ぐらいしてから、そーっと廊下から入ってきたんですが、どこにいたのかも、未だにわかりませんでした。

――日課の散歩を再開されたのは二週間後でしたか。漫画『今日を歩く』(※6)に描かれてましたが。

いがらし　どうでしたかねえ。二、三週間してからかなあ。散歩コースの道もひび割れたり、陥没したりしてましたからね。それに、地震のあとは、電気も火も使えないので、とにかく食べ物を集めなくちゃいけない。漫画なんか描いていられないので、自転車に乗っては、家の周りから仙台駅の方まで行って、開いているコンビニやスーパーをのぞいては、クッキーでもチョコでも、なんでもいいから買って帰りましたね。結局どこに行っても行列でしたが。

――ひたすら、食べ物を求めてさまよう。

いがらし　そうですね。震災後一週間くらいはそんな感じでした。どれくらいしてから散歩をはじめたのか、いまだに思い出せません。なんかこう、変な感じですけど、震災があった年のお正月あたりから三月までの記憶がほとんどないんです。

命をつなぐ充実感に飢えていた

——記憶が飛んでしまったのですか。

いがらし　お正月に誰か来たのかとか、どこに行ったかとか思い出せない。それはわたしだけじゃなくて、嫁さんも、あまり記憶がないような感じでしたね。その年の一月から三月というか、直前までの記憶がない。だから、正月なにしていたかも思い出せなくて、しばらくしてからですね、確か正月はうちで蟹食ったなという話が出てきたのは（笑）。

——ショックが伝わってきますね。いま振り返って特に印象に残ることは、どんなことですか。

いがらし　ひたすら食べ物を求めて、自転車で駆け回っていたことですね。それはなんだかものすごく充実していました。

——なんと（笑）。

いがらし　食べ物を探し求めて自転車で走り回っていると、今日はどこのコンビニに行ってみよう、あっちにスーパーがあったな、あっ、こんなところにお菓子屋さんが開いていると

（※6）『今日を歩く』
『WEBイキパラCOMIC』で連載。晴れの日も雨の日も雪の日も、あるいは実母が亡くなった翌日も、朝同じ道を散歩する著者の日常哲学エッセイコミック。

か、いまやるべきことがに揺るぎがない。そこで菓子パンがあったり、クッキーとか見つけると、これはダイレクトな充実感でしたね。オレは家族のためにやるべきことをやっているみたいな（笑）。もちろん、そんなことを言えるのも、家が倒壊したり、身内に死者がでたとか、重大な不幸がなかったからでもありますが。

――やっぱり、命とは食べること。その充実感はわかります。

いがらし　その頃、地元のテレビ局が毎晩やっていた、各地の避難所からの中継番組も印象に残っていています。地元のアナウンサーが、その避難所にいる被災者たちがいま伝えたいことなどを、インタビューしてまわる番組でしたが、みんな「わたしは無事だ」とか「どこそこの避難所にいる」とか、消息を伝えながらボロボロ泣いてしまうし、マイクを向けているアナウンサーも、もらい泣きしてしまうんですね。どこの避難所だったかは忘れましたが、お兄さんが車椅子で、妹さんが聾唖の兄妹の被災者がいて、他の被災者は、カメラの前で、嘆き悲しみ、自分の窮状を訴えるんですが、この兄弟だけは避難所でも、静かに周囲の人を見つめ続けているだけで、壊れた自宅をマスコミに案内する妹さんも、淡々としていて涙を見せることはなかったんですね。

癌の告知を受けた人は「なぜ自分が……」と考えてしまうものですが、震災で被災した人もたぶんそういう嘆きを感じたでしょう。しかし、障害者の人は、震災のような不幸が自分の身に降りかかっても、健常者より普通に受け入れてしまうように見えました。なぜなら、障害者は自分の障害を受け入れてきたからですね。

――『I【アイ】』の中で、「不幸の穴埋めてな　不幸のない社会作ってみろや」というセリフが浮かんできました。

いがらし　もともと、肝が据わっているとかではなく、普通の人よりも、「生きる覚悟」のようなものが備わっていると思いました。

――いい話を聞きすぎました。インタビューをうまくまとめられるかな。

いがらし　大丈夫ですよ。「必ずなんとかなる。思った通りにはならないけれど」ですよ（笑）。

――ほんとですね（笑）。ありがとうございました。

「病は市に出せ」

岡　檀

岡 檀（おか まゆみ）
情報・システム研究機構統計数理研究所特任准教授、慶應義塾大学大学院特任准教授、一橋大学客員教授。「日本の自殺希少地域における自殺予防因子の研究」で博士号を取得。コミュニティの特性が住民の精神衛生にもたらす影響について関心を持ち、フィールド調査やデータ解析を重ねてきており、その研究成果は学会やマスコミの注目を集めている。

日本の自殺者は、年間二万人を超える。その原因は、「病気」「経済的」悩みが多いというが、では、悩みを自殺という行動に追い詰めるものは何か。
岡檀さんは、日本で最も自殺の少ない町、徳島県の南端にある小さな町、海部町(※1)を調査して、著書『生き心地の良い町(※2)』でコミュニティにあることを明らかにしてくれた。自殺の少ない町の「絆」は、人と人を一つの倫理観でしばりつけるのではなく、人の悩みや考えや弱さを受けとめる町だった。

赤い羽根募金の集まらない町

――コミュニティのあり方から、「自殺」を読み解くとは、とてもユニークな研究ですね。どんな

(※1)海部町
徳島県の南東に位置する、電車で徳島市から二時間ほどの田舎町。二〇〇六年、海南町・穴喰町と合併して海陽町となる。旧海部町は人口二〇〇〇人弱。
(※2)『生き心地の良い町――この自殺率の低さには理由《わけ》がある』
二〇一三年、講談社刊。徳島県南部のある小さな田舎町は、全国でも極めて自殺率の低い「自殺最希少地域」だった。町民たちのユニークな処世術。その極意が、四年にわたる現地調査によって解き明かされる。

きっかけで、このテーマを思いつかれたのですか。

岡　この海部町の調査の前に、戦争被害者の聞き取り調査をやっていたときですね。戦争中に同じような被害にあっても、過去を引きずって心が癒えない人と、つらい記憶は残っていても心の整理がついている人とに、分かれることに気づきました。それは戦後、どういうところで暮らしてきたかで違っていました。「過去を知られたら生きていけない」という思いの中で過ごす町と、「そうか、大変な目にあったんだね、つらかったね」と言って、みんなで共有してくれるコミュニティとの違いです。コミュニティの規範が、人を助けることもあるが、逆に人びとを苦しめることもあると思い知らされました。

――周りに話せなければ、うちにこもっていく。

岡　そのコミュニティと自殺が結びついたのは、『自殺って言えなかった。』(※3)という本との出会いです。自殺で親を失った子どもたちの話ですが、かつてない強い衝撃を受けました。

交通遺児の支援で有名な「あしなが育英会」が出版した本ですが、ここは自殺遺児も支援しています。「お父さんが交通事故で亡くなった」って言えても、「自殺だった」とは言えない子が多い。親を失うというだけでも大変な喪失なのに、その後も重いものを背負い続けているんだとはじめて知って、それまでわたしは自殺のことをほとんどわかっていなかったんだと思いました。

――人の強い「絆」は、必ずしも、人を救うとは限らない。人を追い詰めることがある。そこから、自殺の少ない町、海部町の調査に入られた。

岡　自殺の原因の調査や自殺が多いところの研究はたくさんあるけれど、自殺が少ないコミュニティの研究には手が付けられていなかった。誰もやらないのは、研究者の常識からいうと、それだけ究明が難しいからなんですが、わたしの指導教授は興味を示してくれて、心置きなく取り組むことができました。

――確かに、存在することは証明できても、ないことを立証するのは難しそうですね。これはいける、との手ごたえはどの段階でつかみましたか。

岡　海部町では、赤い羽根募金が集まらないって知ったときですね。近隣の町では同じ額の募金がきっちり集まるのに、この町だけは集まらない。協力しない人もいるし、その理由を尋ねると、「だいたいが赤い羽根で、どこへ行って何に使われとんじぇ」と問い詰められて、すでに多くの人が募金をしましたよと言ってみても、「あん人らはあん人。いくらでも好きに募金すりゃええが。わしは嫌や」とはねつけられる。自分の納得しないままには、空気に流されるようなことをしない。海部町ではそういうことが平気なんだっていうことから、こ

（※3）『自殺って言えなかった。』
二〇〇二年、サンマーク出版刊。「もう逃げない。堂々と生きていきたい！」。あしなが育英会から奨学金を受けている大学生、専門学校生で組織する自死遺児編集委員会が、自分たちの胸の内を綴る記録。

れは見つけたような気がしましたよね。

——逆にとらなかったのですか。ここの人は、社会への関心が薄いんじゃないか、コミュニティ意識がないんじゃないか、と……。

岡　赤い羽根募金を拒む同じ人が、祭りの神輿を修繕しなくちゃいけないというと、大枚を出す。何もかも拒絶しているのではなく、納得したら行動するというのもあったので、これは単なる個人主義じゃないなって気づきました。

——なるほど。募金をしなくても、足並みをそろえなくても、白い目で見られることがない。その風土に着目されたのですね。それは、どこから生まれたのでしょう。

岡　海部町は江戸時代、材木の集積地として栄え、一攫千金を夢見て移住者が集まりました。さまざまな価値観を持った人が集まって、なんとか、いっしょに暮らしていく知恵を育ててきたんではないでしょうか。

押しつけは、「野暮やろ」

——多様性を受け入れるコミュニティが成立していた。

岡　海部町は、大きくなり過ぎるのを是としないところがあります。一例をあげると、朋輩組《ほうばいぐみ》という相互扶助組織がありまして、何百年も続いています。中学を卒業したあたりから、三歳ぐらいの年齢幅でグループをつくる。いくつもの年齢層で構成されています。

——なんだか、厳しいヒエラルキーの世界ですね。

岡　それがね、絶対にそうならないところが、まさに独特なんです。とりたてて会則らしきものもなく、よそ者も新参者も入退会自由。ほんとうに、ゆるーい組織なんです。

そして、大きくなりすぎるということを避けようとして、人数が増えすぎるとグループを分割したりする。なぜか、と聞くと、「うーん、大きくなるとよどむやろ」って言うんです。どういうことって言うと、「小さい、適正なサイズのときにはいろいろと風通しもいいし、情報が入ってきて出ていくっていう入れ替わりも循環がいいけれども、大きくなりすぎると、それができんようになる」って。

——おもしろい考えですね。軍隊式に上意下達で、強い組織にする考え方ではない。

岡　そうですね。海部町は、強い組織というよりも、柔軟な組織にしたいのではないかと思います。確かに大きくなりすぎると、どうしても目が届きにくくなって、問題は地下にもぐってしまう。いま企業でもコミュニティでも、手に余らないユニット・サイズを考えなくちゃいけないっていう方向ですよね。互いの目が、声が届いて、すぐ動ける距離というか。海部町はその点を重要視してきたのではないかと思います。

——なるほど、民意が反映される。権力で決まるのではなく。

岡　おっしゃる通りですね。いわゆるカリスマとか、独裁者みたいなのは見当たらないんです。もっとみんなで話し合って決めていく、って感じで。だから話し合うときは、かなり喧々諤々やったりするんですけれど、不本意ながら負けても、みんなで決めたっていう気持ちが支えになってるんですよね。

——じゃあ、お前はなんで赤い羽根募金に募金しないんだって言われても、堂々と答えられるわけですね。

岡 そうなんです。堂々と答えられる空気があるわけです。こんなこと言ったらつまはじきだっていう恐怖心がないから言えるんですね。

——海部町だったら、健全な民主主義が育ちそうですね。

岡 すごく健全です。ですから、これは違うと思ったら、すぐリコールしようとしますしね。歴史の古い小さな町村では、首長さんは何回も再選されて長期政権が続いて、政権を変えることがなかなか難しいことも多いのですけれど、海部町はしょっちゅう変わっています。これアカンと思ったらすぐに変えようと動きます。

——みんな言いたいことは言う。けれど、押さえつけようとはしない。

岡 いくら正しいことでも、上からガミガミと説教されると、若い者などは反発したくなりますよね。海部町では、「何々するべからず」と禁止する代わりに、そんなことをする奴は「野暮」だと、「野暮」と言われることは人として恥ずべきことだという考えを、浸透させているようなのです。

──どこが野暮なんですか、と突っかかったら、「それが野暮なんや」とかわされて、いっぺん考えてみますわ、と素直にもう引き下がるしかなくなります。

岡　説教してるんではないよ、押しつけでもないよ、ただ、そんなことしない方が、お前もわしもええやろ、みたいな関係が前提にあって、結局は、相手の選択にゆだねる感じがいいんでしょうね。

文化を継承する「言葉の力」

──コミュニケーションが高度です。

岡　海部町に伝わることわざで、「病は市《いち》に出せ」という言葉があります。病気でも家族のもめごとでも、抱え込んでいないで、口に出せばいい、という考え方なんです。悩みをおさえこんでいると、重症化する。そうなってからでは、コミュニティ全体を巻き込むことにもなりかねない。早めに出せば、助けておかなきゃって周りが動いてくれる。町全体で共有するリスクマネジメントの精神です。

──思いやりだけではなく、生活の知恵なんですね。海部町は、それをどのように育てて、守ってこられたんでしょう。

岡　海部町は周囲の伝統的な農村型コミュニティと違って、移住者が集まって発展させてきたという歴史を持っていますので、独特のリスクマネジメント術は、その歴史の中で育まれたのではないかと推測しています。そして、これをやったらうまくいったなとか、これをやった方がお互い気持ちいいよ、みたいな経験を、次の世代もその次の世代も引き継ぐ人たちがいたということでしょう。幸運だったのかもしれません。

――邪魔が入らず、ゆっくりと熟成させる時間があった。

岡　邪魔は、意外と入らないみたいなんです。交通や通信技術の発達した現代と違って、戦後、高度経済成長期ぐらいまでは、川一本、山一つ隔てていれば、慣習や価値観は幸か不幸かそれほど行き来しなかった。良くも悪くも、とにかく煮詰まっていったのではないでしょうか。

――考え方だけでなく、言葉にして伝える力もすごいですね。

岡　確かにそうなんですね。キャッチフレーズにしてますものね。「一度目はこらえたれ（見逃してやれ）」とか。失態をしでかした者に対し、かける言葉です。一度の失敗で残りの人生、お前にレッテルを貼ることはしないのだから、挽回のチャンスはあるよと伝えるメッセージだそうです。

――押しつけない、許す、苦しいときは甘えていい。決して追い詰めない。生きやすいなあ。

岡　この町の人はすごく人に関心があるので、噂話も大好きです。よそから来たお嫁さんなど当初は格好のターゲットとなるのですが、彼女が愚痴るとご主人が言う。「あんたに関心があるんや、監視しとるんとは違うんや」と。この二つの言葉は似ているようで、実は決定的に違いますね。

「絆」はあっても、束縛する「絆」ではないんです。

――それも見事なキャッチフレーズです。

岡 言葉にしたことによって、概念が途切れず長く続いているのかもしれませんね。言葉はやっぱり、求心力があります。

支援学級なんか、いらん

――そんな町は、きっと障害者にとっても生きやすい。

岡 特別支援学級の設置に、海部町は反対しました。その子どもが他の子たちとちょっと違っているからといって、外に押し出して別枠で囲ってしまうのが嫌だと。クラスにいろんな人がいた方がむしろいいんだ、という主張です。支援学級の意義についてはいろいろな意見があると思いますが、海部町が反対したその「理由」というのが、興味深いと思いました。世の中にはいろんな人がいるもんだし、むしろいた方がいい。そういう考えが共有されています。

精神的な疾患を持っていて長期入院している人たちの地域移行も、ここではうまく進んでいます。

――「多様性があってこそのコミュニティ」の考えは、人への思いやりだけではない。

岡　思いやりはもちろんあるのですけれど、ただしそれだけではない。そうした方が結局は得になるという考えが、根底にあるように思います。

　この「損得勘定」は、長続きのコツでもありますね。単に慈愛の心だけでは、走り続けることがつらくなる場合がありますから。

　多様性を受け入れ、生かした生活スタイルをつくる方が、みんなにとって利益を生むと思えることが、推進力、持続力となっているんだと思います。

——それは、誰にとってもおトクな町づくりということですか。

岡　近江商人のモットーに「三方よし」っていう言葉がありますよね。それです。自分よし、お客よし、社会よしっていう。ただ単に個人主義とか金儲けに走るのではなくて、「三方よし」が、将来的にはみんなにとって最大利益になるという考え方ですね。

——海部町の知恵が、ほかの町で生かせれば。

岡　たとえば「病は市に出せ」ということわざですが、講演のときに、「いい言葉ですね、これいただきました」とかってよく言われるんです。ちょっと待ってくださいって。「病は市に出せ」や「一度目はこらえたれ」のキャッチフレーズを生かすには、ただ単にポスターつくって貼るだけではダメで、土壌づくりが肝心です。一度の失敗で一生レッテルを貼られないといった、人を責めない風土がなければ。土壌のないところでキャッチフレーズは咲きません。

――東日本大震災で一からコミュニティを再生しなければいけない地域なんかでは、どうでしょうか。

岡 復興支援に関わる方からも、よくお声をかけていただきます。あるとき、伺った話ですが、おにぎりをもらうのに並んでいると、おにぎりを一個いただいて、二個もらいたい場合は、長蛇の列の後ろに並び直すんですね。お年寄りは寒くて大変だから、まとめて二個もらえばいいじゃないですか、と言うと「そんなことしたら、孫子の代まで言われる」って言うらしいんです。「恥」とか、「浅ましい」とか、負の概念が強い。それにとどまらず、「そんなことすれば、コミュニティの中でつまはじきになる」と言われました。ことの本質は、そこですね。

多様性に富む社会はおトクです

――『生き心地の良い町』で自殺の多い「A町」として紹介されていた町では、お年寄りが人の世話になるのをためらって、「極道者（怠け者、役立たずといった意味で用いる）になってしまった」と言う。一度の失敗で「孫子の代まで言われる」という言葉も、マイナスの「べからず」言葉ですね。それに比べて、海部町が磨いてきたのは、プラスの概念やその表現としてのキーワードです。おもしろいですねえ。世界文化遺産にどうですか。

岡 ほんとうですね。海部町は、公私の概念もユニークなんです。すごく密集した町だから、噂も駆け巡るし、いわゆる個人的な事柄が筒抜けの場合もある。わたしの感覚では、それってプライバシーの侵害じゃないのって思うようなことを、そこは気にしていない。だけれど、同調圧力(※4)みたいなものがかかると、そこではじめてスイッチが入る。これは町の決まり事だから絶対に従え、とか、皆でそろって誰それに投票しなければならないとか言われたとしたら、それはプライバシーの侵害だと、反発するわけですね。

――個人の意思決定には侵食させないってことですね。しつこいようですが、海部町の知恵を企業や地方で取り込む方法はないですか。

岡　企業の方たちと、組織づくりについて意見交換をすることがあります。海部町から得た学びを取り入れるとすれば、最も気にかけるべきは組織内の均質化を回避することだと思います。どこの業界でも「イノベーション（新基軸、革新）」という言葉が大流行りですけれど、均質な組織からイノベーションが起きますかね、なかなか難しいと思う。均質が続けば、次に起こるのは「硬直化」ですから。

集団というのは、ともすれば均質化へと向かう性質を潜在化させている。だから、組織の硬直化を避けたいと考えるのならば、日頃から意識して目配りを続ける必要があるでしょう。わたしはよく、冗談半分、本気半分で申し上げるのですけれど、均質化してきたなと思ったら、毛色の変わった人、異色の人を連れてきて投入するっていうの、どうでしょうって。その部署にはいないタイプや経歴の人を、わざと連れてきて交ぜるみたいなことも、意外と効果が出るかもと思って。

――かき回し効果ですね。異物を混入する。

岡　海部町はそれをすごく気にかけているわけですね。いろんな人がいた方がいいと。いろんな人がいないとダメになると思っている。異質なものが混ざったら排除するという、真逆な方向へ向かうコミュニティも日本には少なくないと思いますが、その点においても海部町は極めてユニークだと思います。

（※4）　同調圧力
　地域共同体や職場などの組織において、少数意見を持つ者に対して、明確な意思伝達ではなく、多数意見に従わせるように強制しようとすること。

（※5）　日本理化学工業株式会社
　学校で使うチョーク製造が主な事業。一九六〇年から知的障害者を雇用。社員数八八名のうち知的障害者六三名（二〇二一年二月現在）。大山泰弘氏（前代表取締役会長・二〇一九年死去）とともに、障害者雇用の先駆的会社として名高い。

（※6）　活性化
　この組織変化については、影山摩子弥教授が障害者雇用の「組織内マクロ労働生産性」と称して理論化している。これは一人ひとりの仕事のスキルだけでなく、チーム全体のコミュニケーション力が労働の生産性に及ぼす影響についての研究である。障害者が加わったチーム作業では、シナジー効果が現れると注目されている。

――日本全体の課題です。

岡　障害者雇用で有名なチョーク製造の会社、日本理化学工業株式会社[※5]のことをテレビで知ったんですが、社長さんの話が印象的でした。

最初は、障害者にも働く場、生きがいを与えたい、と思って、義務感で採用した。でも、いざ、いっしょに仕事をしてみると、職場にものすごい化学反応が起きた。ポジティブな変化があった、というんですね。周りの人がその人のために段取りを考えたり、頭を使うようになって、作業の効率がむしろよくなって活性化[※6]したって。

一人ひとりの能力だけなく、掛け合わせの効果を大切にすべきなのだと、日本の企業は本来その点は得意だったのではないかと思いますが、昨今は忘れられがちだったような気がします。この会社はそのことを思い出させてくれました。

――ありがとうございます。とても、『コトノネ』らしいオチを用意していただいて。とにかく、組織をかき回せ、日本の生き残る道は、多様性にあり、ということで終わらせていただきます。

風の吹く方へ歩き出してみよう

大嶋栄子

大嶋栄子（おおしま えいこ）
NPO法人リカバリー代表。国立精神・神経医療研究センター精神保健研究所客員研究員。精神科ソーシャルワーカーを経て、二〇〇二年にさまざまな被害体験を背景に持つ女性の支援を行なう「それいゆ」を立ち上げる。著書に『“嵐”のあとを生きる人たち』（かりん舎）、『生き延びるためのアディクション』（金剛出版）がある。共著に『その後の不自由』（上岡陽江との共著、医学書院）がある。

患者さんとして向き合うだけでは見えてこない。
暮らしをともにする。
二つの関係の中から、依存症から遠ざかる道をいっしょに探す。

アディクションと出会う

――大嶋さんには『コトノネ』で「Caféそれいゆの窓から」という連載を書いていただいていますね。

今日は大嶋さんがいまのご活動にどのようにたどり着いたのかお聞きしたいんですが。

大嶋　一九八〇年代半ばに、アメリカの大学でソーシャルワークを勉強したことに始まりますね。当時のわたしの研究テーマは、いまの活動にも通じています。アメリカの生活保護は、一八歳未満の子どもと、子どもを養育しているひと単位で給付されます。婚姻制度による家族の規定がなされないので、日本のように世帯単位給付じゃないわけですね。子どもと養育者は血が繋がっていなくてもいい。金銭給付や、フードスタンプのような食糧品の無料配布が行われたり、医療も無償で受けられたりする。

しかし当時、レーガン大統領による新自由主義的な政策のもとで、この予算が削減されていました。レーガン政権は膨らんでいく社会保障費を危惧して、国が保障にお金を出すよりも、そうした人びとの自立に向けて職業訓練を施した方がいいという方向に舵を切ります。

主な養育者であるお母さんたちが、白人よりも、黒人やヒスパニック、ミックス(※1)の方が多いこともこの流れを後押ししました。どうしてこうした流れが力を持つようになったのかが、わたしの学部の卒業論文のテーマなんです。

こうした流れは他人事じゃない。いまの日本でも同じです。障害を持っていても働けなきゃいけない。だからどんどん就労支援して、たくさん雇う企業には奨励金を出す。そうでなければ罰金とるぞ、という流れもありますね。

その後日本に帰ってきて、ソーシャルワークの分野で働こうと思っていたんですが、なかなか思うような仕事がない。仕事をしてお金を貯めてからアメリカの大学院に戻ろうと思って、最初に勤めたのが病院の精神科でした。それで、そのままなんとなく居続けちゃったんですよね。長く勤めるつもりは全然なかったんですが、アディクションに出会ってしまったので。

――アディクションに出会ったからこそ、辞めなかった?

大嶋　精神科医療のヒエラルキーって、はっきりしているんです。なんといっても薬物療法が一番上です。

それで薬物療法を施せるのは医者しかいない。当時ちょうど多職種でチームを組むということも言われ始めていたけれど、どんなに作業療法士や心理士、ソーシャルワーカーがいたとしても、薬をどう調合するかが最終的に重要とされました。ですから、医者が絶対的。わたしの出る幕じゃないという感じでしたね。

入職して三年目のときに、アディクションの専門病棟に配置換えになったんです。わたしは当時、「アディクションは病気じゃない」と思っていた。自業自得で、本人の意志の問題だろう、と。


――アディクションのことをあまり知らない、一般のひとと同じ感想やったわけ?


大嶋　そうなんです。当時の患者さんはおじさんが大多数で、すごくヨレヨレのまま入院してきて、一カ月もすると身体がもとの状態に戻り、偉そうに威張っている。で、盆や正月になると病院に戻ってくる。「いったいこれはなんなんだろう」、と。

当時のわたしは偏見が強かったんです。統合失調症やうつ病の患者さんはなりたくて病気になったわけではなく、本人に病気になった責任はない。一方、アルコール依存症や薬物依存症のひとは、たくさん警告されてきているにもかかわらず、その声に耳を傾けないで、周囲のひとにたくさん迷惑をかけたり、悲しい思いをさせている、どうしようもないひとたちだと思っていました。

その後、患者さんたちとつきあっていくうちに、アディクションの研究や臨床にのめりこ

（※1）　ミックス
さまざまな人種のルーツを持つ人びとを指す表現。

むようになります。まずはどういう病気なのか知ることから始めようと思いました。わたしもお酒を飲むのに、どうしてわたしは病気にならずに患者さんは病気になったのか、と。

――そもそも、「依存症」はどうやって病気として認められたのか？

大嶋　ＷＨＯ（世界保健機関）が「依存症」を病気として認めました。どんなに教え諭しても、どんなに脅かしても酒や薬がやめられない。それは気持ちの部分で、必要としているからです。ここに診断基準をつくったんですね。

でも、お酒は必ずしも社会的に悪というわけではない。日本では文化的にも重要なものです。「無礼講」というように、結婚式やお祭りの日など特別な日に、お酒は周りのひとと打ち解けるための道具となります。だけど、日常的に酔っぱらっていることは良しとされません。だからこそ、「どうしてこのおじさんたちは、日常と非日常をわきまえられなくなったのか」ということに関心を持ちました。

「治せない」病気を「治す」？

大嶋　治療薬がないことも大きかったんです。つまり、当時の常識からすると「治せない病気」。それなら、なんで治療するのかを疑問に思ったんです。それで医者が偉くなくなった。この条件が揃って、「ソーシャルワーカーとして息ができる」と思ったんですね。

いまでこそオープンダイアローグという、心理士や看護師、医者などで組まれた平等なチームが、患者さんたちと対話を重ねて症状を解消していくアプローチも紹介されていますが、当時はそんなこと全然知らなかった。一九八〇年代のフィンランドではすでに始まっていたにもかかわらず。

――そうした偉くなれないチームには、男性のお医者さんは入りたがらない？

大嶋 そんなことはないですよ。退院させるか、入院させるか、といった最後の方針を決めるのは、やはり医者です。

といっても治せないわけですから、チームが平等に横一列に立って治療に取り組める。「どうすれば、お酒を飲まなくても安心して社会生活を送れるようになるのか」、時には本人も入れて会合を開きます。

――本人も？

大嶋 はい。やるのは本人ですから。

――本人がやる気になるしか、治す方法がない。

大嶋 本人を動機付けていく。このアプローチを精神科医療のなかで最初に行ったのは、アディクション治療だと思います。

――医学の世界をいよいよ変えたわけやね。

大嶋 でも、アディクション治療をやっているひとはすごく少ない。

――なんでですか？

大嶋　わたしに言わせると、やっぱり医療ヒエラルキーを維持したいひとがいるからでしょう。

多くの病気において、医療ヒエラルキーはやっぱり効率がいいんだと思います。それぞれプロがいて役割分担できますから。ソーシャルワーカーの仕事も、自宅療養するなら、どんな制度が使えるかを調べて、家族の協力が必要だったらオリエンテーションをするといった仕事に限られます。だけど、精神科の治療はこれではうまくいかない。

――そのなかでも依存症は別ということですね。

「このままでは駄目」と思わせられる

――ところで、依存症になるひとは自己肯定感が低いんでしょうか？　僕自身も低いんです。「自分はこの程度の人間や」と思わせられるきっかけがあって。でも、依存症にはならなかった。

大嶋　「自己肯定感」という言葉はあまり好きじゃないので使わないんですけれど。ただ、「自分はこのままでいい」ということを、普段多くのひとはほとんど意識していない。「このままでは駄目だ」と思うきっかけがあっても、その後他のことで満たされたりするうちに、ある程度忘れられます。

――依存症になるひとは、忘れてしまうことができない？

大嶋　忘れるのは難しいですね。依存症になるひとは、「自分はこのままでは駄目だ」ということを、毎日のちょっとした出来事によって確認させられることで日常が成り立っています。

たとえば、お子さんとお母さんがいて、夕ご飯の時間に夕ご飯らしきものがどこからも出てこないとしましょう。それで、お子さんが「お腹がすいた」と言うと、お母さんに怒られる。すると、「「お腹がすいた」なんて自分の欲求を素直に口に出してはいけなかったんだ」、となりますよね。「「そのへんにあるものを適当に選んで食べる」、そういう気がきかないわたしでごめんなさい」、と。このような場面が日常のなかで繰り返されると、「自分はこれでいい」とは思いづらい。何をするにも「○○してもいい？」と尋ねるようになる。常に誰かに承認を求めるわけです。それってとってもキツい。小さい子どもであればお酒にはアクセスできませんから、たとえば爪を噛んだり、髪の毛をいじって抜いたりすることで心を和ませたりするわけです。

アディクションの「その前」と「その後」

——ついに、病院を出て、「それいゆ」を開かれる？

大嶋　当初患者さんはおじさんばっかりだったんですが、一二年間ほど病院にいるうちに、だんだん女性が増えてきた。彼女たちがなぜ依存症になったのか不思議で、「どうしてお酒に頼ったの？」「お酒はどう役に立ったの？」って訊いたんです。すると、暴力被害の話がどんどん出てきた。彼女たちは、身体的な痛みだけじゃなく、精神的な痛みも忘れるために、お酒や薬に頼っていることがわかった。そうなると、「どうしたら依存をやめられるか」だけ考えていては駄目だと思ったんです。生活の環境や、他者との関係のつくり方を変えていかない限り、同じことの繰り返しになる。それで当時、日本にはアディクション研究がほとんどなかったので、わたしがやろうと、大学院に入りました。

また、治療できないとなると、病院を退院した後が問題になる。彼女たちが孤立しない場所を地域のなかにつくっておかなければいけない。それで、運営のための財源確保をどうすればいいか考えたんですが、精神障害者のための共同住居や、小規模作業所と言われるような、きちんと制度までにはなっていない取り組みが当時生まれていて、この枠組みを使うことにしました。二〇〇二年にいまの「それいゆ」を立ち上げます。

──それまでは依存症の方を病院で見ていた。「それいゆ」を立ち上げてからは、生活の全般を見ることになるわけですね。やっぱりこれは全然違いますか？

大嶋　全然違います。病院では「患者さん」ですから、「何らか医療サービスを受けるひと」という受け身の扱いです。そこでは患者さんの主体性は邪魔。主体性を主張すると、「非常に扱いづらいひと」と疎まれてしまう。

一方、地域では、一つ一つの行動を本人自身がどうしていきたいかが重要で、むしろ主体性がとても求められる。周囲のひとから、「あなた自身はどういうふうにしていきたいの？」

といちいち訊かれる。本人にとってはすごく面倒くさいことです。

――病院の医者って、薬を出してくれたら「ハイ終わり」という感じも多い。たぶん効率がいいからね。でも、生活をともにするのであれば、効率重視だけでは駄目。

大嶋 草創期のころは「とにかく潰れなければいいや」と思っていました。利用者も、お給料を払っているスタッフもものすごく少なかったので。ひとりひとりと丁寧に付き合うということで、効率なんて考えていませんでした。

――研究をやりながら、実際一緒に暮らしたりする。病院にいたときには見えないものが見えてきた？

大嶋 病院の治療プログラムは、全部中高年の男性向け。それを彼女たちにそのまま当てはめても駄目なんです。ジェンダーの視点がないから、むしろ治療によって傷つけられてしまう。ですから、治療プログラムを改変することにしました。彼女たちに試してみて、フィードバックをもらう。これを積み重ねた結果が、わたしの博士論文になりました。

――大嶋さんは結局女性の依存症研究に重きをおいたわけですね。

大嶋 そうですね。当時は本当に誰もやっていませんでしたから。

いま振り返って考えると、やっぱり暴力の被害が見えてきたのはよかったですね。わたしの主専攻は社会福祉学のソーシャルワークなんですが、副専攻はジェンダー学です。この二つを交差させて見えてくることがたくさんある。特に家族関係における暴力が見えてきました。アディクションと出会ったからこそ、家族関係を問い直すという大きなテーマが与えられたんです。

ジェンダーがひらくもの

――ジェンダーは最も大きなテーマですね。まさにいま、時代はそこです。

大嶋　世界経済フォーラムから、毎年ジェンダー・ギャップ指数が発表されますが、今年二〇二一年日本は一二〇位です。ちっとも上がらない。

わたしも長いことジェンダースタディーズを大学で教えましたが、学生たちはよく「ジェンダーによる格差をほとんど感じたことがない」と言うんですよね。本当にそうなら幸いなことなんですが、本当かどうかよく考えてみてほしいと思って、具体的な場面を想像してもらう講義をしています。

たとえば、元気に働いていたお父さんが脳梗塞で倒れた。仕事復帰が難しいお父さんの代わりを担うひとは誰になるのか。あるいは独居のおばあちゃんの認知症が進行している。おばあちゃんの見守りをする可能性が高いひとは誰になるのか。自分の家族に降りかかった出来事として考えてもらうと、前者は男性、後者は女性が選ばれることが圧倒的に多い。なぜ稼ぎ手は男性が担うのか、なぜ介護は女性が担うのか。そういう観点でジェンダーを考えてもらいたいんです。特に就職活動が始まれば、自分たちも巻き込まれていきますし。

――僕が深刻だと思うのは、ジェンダーが全部子どもの問題に直結しているからです。男性が破綻して、家族が立ち行かなくなったとき、大人なら何とかなることでも、子どもはそうもいかない。

大嶋　女性は男性に比べて非正規の割合が多いという問題も大きいです。コロナによってさらに雇用に大きな打撃を受けていますから。

――上の世代の男性が引退したら、もう少しましな日本になるんですかね。ものすごく急ぐ問題だと思うんですが。

大嶋　七〇代の男性の発言権を若い世代に委譲してくだされば、いますぐなんとか変わっていく部分もあると思いますよ（笑）。

――僕ら団塊世代は「男は出世して、金儲けして、会社を私物化するくらいの勢いを持ってなんぼや」と教え込まれてきてしまいましたからね。そうなると、「譲る」というのは難しい。

大嶋　少なくとも若い世代のお父さんたちのなかには、子どもの養育のための時間と、家事のための時間が必要だとちゃんと気が付いているひとも多いです。ただ、現実の社会のフレームはそうなっていない。男性も家庭生活に時間を割くことができるように社会のフレームが柔軟になっていけばいいと思います。いまは男性が育児休暇をとることに、抵抗を示すひともいないわけじゃない。でも、取得するひとが多数派になっていくと、それが新しいスタンダードになりますよね。

――ジェンダーについてはいろいろなひとがさまざまな角度から研究されていますよね。みなさんが、ひとつのまとまりにはならないんでしょうか。

大嶋　わたし自身はフェミニズムに関わる人びとが必ずしも一枚岩にならなくてもいいんじゃないかと思っているんです。

確かにいま、日本でもフェミニズムの思想や理論の研究者はたくさんいます。さまざまな領域で性役割を越えた動きが起こっていると言われている。でも、現実の生活のなかで起こることは、旧態依然としている。夫婦別姓も実現していないわけですし、フレームを変えるのって、本当に大変。そこで、わたし自身がこれからやっていきたいのは、先端の理論研究と、なかなか変わらない社会の仕組みを橋渡しするような報告をつくっていくことなんですね。

具体的には本を書くということになるんですが、気軽にアディクションの当事者も手にすることができるハンドブックをつくりたいと思っています。他にも、女子刑務所のことも書きたい。日本では薬物の使用と所持は犯罪になっているわけですが、その背景には暴力や社会的孤立、貧困の問題がある。わたしは「アディクションの専門家」に留まるのではなく、アディクションからスタートして、暴力やジェンダーの問題、家族の問題などを網羅し、さまざまな切り口で描いていきたいと思っています。

冷凍エビフライはやめる?

――大嶋さんの『コトノネ』の連載を読んでいると、いまのお話に具体的な実感がわいてきます。

大嶋 連載では、毎日の日常の些細なことから始まっています。

――第一回目の出だしは、「女性たちの暮らしを包括的に支える場所を始めた」でしたね。「それいゆ」に集うひとたちには日常がないんや、と気づかされました。日常をどうやってつくるかというと、食事を大事にすることだとか。

大嶋 食事は一番わかりやすいからね。大事ですから。

――みんなで一緒に食べる。

大嶋 昔の話ですけれど、「それいゆ」が始まったばかりの頃、エビフライをつくることになったんです。それで、うちのスタッフが冷凍のエビフライを買ってきた。その時、わたしはすごく怒ったんですよね。当時、「冷凍のエビフライはあり得ない」とわたしが言ったことに対して、スタッフはなんであり得ないのかがわからなかったわけですから。

とにかく食事には手を抜かないですね。丁寧につくる。

――「風通しのよい親密さ」とも書かれていて、「これやなあ」という感じがしました。そんな関係性、なかなか築けない。どうしても強く要求したり、すがってみたりしてしまう。

大嶋 そういう太いつながりも確かに大事なんです。ただ、それを絶対視しすぎて一歩間違えると恨みに転じたりもしますから大変。一〇%、二〇%くらいは期待しないでおいてもいいと思います。

――こういう「風通しのよい親密さ」はどないしたら……?

大嶋 「すぐ解決しないということを念頭においていきましょう」とよく言っていますね(笑)。

――畑もやっていらっしゃる。みんなが畑という同じ空間にいて、別々のことができますから。ものすごくいいですよね。

大嶋 畑作業に従事しているメンバーさんに、自分が畑でつくったものを調理してもらう。この野菜が、こう調理することによってお弁当に入っているというのがわかるようにしておくのは大事ですね。

畑で新しいチャレンジを進めています。札幌で、さまざまな困難を抱える人を支援する団体と連携しながら、お弁当を届けるプロジェクトを展開しています。しかしお弁当は日持ちがしない難点がある。そこで、畑の農作物を使ったレトルトパウチのスープを作れないかと思っているんです。このブランディングをしたいと思っています。わたしたちがつくったスープを市民のみなさんに楽しんでもらうだけでなく、寄付として買い上げてもらい、その分を支援団体に届けて、必要な人に渡してもらえたらいいんじゃないかと。

農業に注力することにしたのは、コロナの影響も大きかった。ソーシャルディスタンスをとりながら、心理的な距離をキープするには畑はぴったりです。そして、障害を持ったひとには、自分が頑張ったことに対して目に見えて分かる成果があることが大事。うちはカフェを運営していますが、調理は難しいメンバーさんもいますので、畑でひたすら雑草を抜いたり、ハスカップやブルーベリーを摘んだりしてもらっています。いろいろなメンバーがいるからこそ、いろいろな障害特性に合わせた作業をもうちょっと増やしたいと思って。

それで今年、畑の作付面積も大きく増やして、収穫量も大幅にアップしました。いずれ農業は農業生産法人か、有限会社にしていきたいんです。すると、雇用も生み出せる。この二年間でもう少し回してお金を生み出せるようにしていきたいです。

――「それいゆ」が広がっていますね。「それいゆ」のバトンをつないでいくために、大事にしていらっしゃることはなんですか？

大嶋　若いスタッフには、ただ野菜やお弁当をつくるのではなく、どんな思いを込めて、誰に手渡したいのか、いつもイメージしてほしいとお願いしています。運営のためにはお金は必要なわけですが、「障害を持っているひとがつくっている」から、買ってもらうのでは駄目。食べ物なら「美味しい」と思って、わたしたちの事業にお金を使おうと思ってもらいたい。私が何をしているか周りのスタッフは見ていますから、なぜ刑務所を考えるのか、なぜ畑を始めるのか、そういったことはわたしも事あるごとに言葉にするようにしています。

その時、わたしが書いている原稿も大事で。日常的な業務のなかでスタッフのみんなとゆっくり話す時間がないので、わたしが書いている連載を読んでもらって、コミュニケーションをとったりもしています。

いつか社会のフレームが変わるときに「それいゆ」をそのフレームのなかにどう位置づけていくのか、たくさんの言葉とともに考えていってほしいですね。

わたしへの喜捨は、神さまに返してもらいなさい

松村圭一郎

松村圭一郎（まつむら けいいちろう）
1975年、熊本県生まれ。京都大学総合人間学部卒。岡山大学文学部准教授。専門は文化人類学。エチオピアの農村や中東の都市でフィールドワークを続け、富の所有と分配、貧困や開発援助、海外出稼ぎなどについて研究。
著書に『所有と分配の人類学』（世界思想社）、『ブックガイドシリーズ 基本の30冊　文化人類学』（人文書院）、『うしろめたさの人類学』（ミシマ社）、『これからの大学』（春秋社）、『はみだしの人類学』（NHK出版）などがある。

松村さんの著書『うしろめたさの人類学』(※1)は、京都のスーパーで見かけたおっちゃんの話からはじまる。風呂に入っている風ではない。少し臭う。それだけで、みんなが静かに避ける。エチオピアのアブドという名の青年は、放火したのにそのまま村で暮らし続けている。この違いは、なんなんだ。

法律やルールは逸脱するためにある

――京都の臭いを放つおっちゃんが、みんなから距離を置かれるのは、わたしにはわかります。お風呂にも入っていないでしょう。でも、エチオピアの青年は、放火したのに村で暮らしている。エチオピアには警察はないのですか。

松村　もちろんエチオピアにも警察はあります。でも、放火しても村人は誰も警察に突き出さない。彼が問題を抱えているとみんなわかっているので、ちゃんと手を差し伸べる人がいる。「しゃあない奴やなぁ」と思いながら、逸脱する人を受け入れている。警察に預け、独房で暮らすのは、心を病むアブドにとっていいことではない。ルールが最上ではないことを

（※1）『うしろめたさの人類学』松村圭一郎著、二〇一七年、ミシマ社刊。

わかっている。それで、ルールを緩めて、落としどころを探すんですよ。皆がルール主義者になるとダメなのかなと思いましたね。

――ルールを逸脱して、誰が責任を取るんですか。放火したアブドさんを警察に突き出さないで。

松村　多分、そもそも人間が人間の責任を取れるなんてフィクションなんだと思います。たとえば人が亡くなったことの責任なんて、わたしが切腹したところで取れないじゃないですか。放火についてお金で賠償したり、刑罰を科したりするっていっても、それで失われた思い出の品や家が取り戻せるわけではない。人間が責任取るって、法律の中の「おとぎ話」なんです。

――わたしたちは、ルールの「おとぎ話」を信じたふりをして生きている。それを崩すのが、エチオピアで再発見した「うしろめたい」思いですか。

松村　エチオピアに最初に行ったのは、大学生のときです。町にたくさん貧しい人がいました。自分は学生の身分でエチオピアまで来て、安い宿とはいえ払うお金があって、圧倒的な格差がありますよね。そこで物乞いの人にお金を渡すべきか、って切実な問いなんです。ずっと自問自答してきました。たどりついた答えは、ほかの人を救うとか、誰かのために何かできるとか、思い上がりに過ぎない。わたしがお金を渡してもその人を幸せにできるわけではない。相手にとっていいことかはわからない。わたしが何か言える立場じゃない。

「何もしない」このわたしのしんどさを解消するために、何かしているにすぎない、ということなんです。

――相手のためではない、自分のための喜捨なら、気楽になる。人を見下す行為でもない。

松村　そのときの気まぐれで、喜捨なんかやっていいのか。良かれと思ったことが、その人のためにならないこともある。いままでは、いろいろな理屈をつけて、ふと浮かんだ自分の「うしろめたさ」を抑え込んでいたことに気づきました。

出会ってしまった。その事実は消せない

――「うしろめたい」だけで行動することに「うしろめたさ」。「うしろめたさ」の中に逃げ込んでいる。逆に「うしろめたさ」で軽快に飛び出そうよ、ということですか。

松村　そうです。エチオピアの人はさっと手を差し伸べるんですよね。物乞いの人たちを見て、あいつらは怠け者で働かないって批判する人も多いんです。でも、そんな人でも手を差し出されたら、「しゃーないな」って感じでお金を出す。

エチオピアでわたしは肩の重みが取れた。自分の中にわき上がる感情に素直になって、楽になった。気づきの一歩でした。日本だと、こうしなきゃダメだとか、こうすべきだとか別のロジックで抑え込んでしまう。だからみんなそれで苦しいんだろうな、と。ルール第一主義ともつながっていますよね。

――なぜ、日本人は「うしろめたさ」を行動に移しにくいのか。

松村　エチオピアの人って後先を計算するよりも、目の前の人にどう対処するかって動くように見えます。それは日本の学校教育の中では否定されてきた。「ちゃんと先のこと考えなさい」と。自分の行動の責任を取りなさい、と。先を計算していまの自分の行動を決めるというやり方をする。だから物乞いの人にあげるのも、それがどんな結果を招くのかわからず、しり込みしてしまう。

一瞬でもわき上がった自分の思いを理屈で抑えこむことに慣れてしまっている。それって、いまわたしがここに生きて、感じてるっていう事実を消去することで成り立つ考え方なんです。

――一瞬でもわき上がった自分も、確かに自分です。

松村　水俣に関わった人がみなさんおっしゃっています。「出会っちゃったんです」と。土本監督(※2)とか原田医師(※3)とか……、正義感に燃えてとか、患者を救いたいとかじゃない。むしろ原田医師は医学的に、これはおもしろいはずだっていう下心で水俣に行ったのに、患者さんを見ちゃって、関わる以外の選択肢が消えてしまう。多くの行動した人の最初の出会いって、組み立てられた理屈とか正義感ではない。それが興味深いなと思います。

土地は、キミのものだが、誰のものでもない

――松村さんもエチオピアを「見てしまった」。

松村　人類学自体が、「見ちゃったこと」に忠実な学問です。現場で過ごす日常のなかで感じる問いと人類学で研究する問いはかなり近い。たとえば、彼らはポンポン人に分け与える。その背後に何があるのだろうかって考える中で、モノの所有という問いが研究テーマになりました。日本人は、ふつうわたしのモノはわたしのモノとしか考えない。しかし、エチオピアではそのように定まっていない。

――所有権がないのですか。

松村　たとえばエチオピアの村で「この屋敷の土地は誰のもの？」って聞くと、「お父さんの土地だ」という。でも、そこにオレンジの木が一本植わっていて、近くで暮らす長男が来て「このオレンジを盗るな」って怒る。土地はお父さんのものでも、そこに植わっているオレン

（※2）　土本監督
土本典昭（つちもと　のりあき）。一九二八年生―二〇〇八年没。記録映画作家、ルポルタージュ作家。一九七一年『水俣――患者さんとその世界』発表以降は、一七本の連作を制作。水俣病を生涯のテーマとした。

（※3）　原田医師
原田正純（はらだ　まさずみ）。一九三四年生―二〇一二年没。熊本大学医学部で水俣病を研究し、胎児性水俣病も発見する。水俣病をはじめ、環境公害の研究活動で多大な貢献。『水俣が映す世界』（一九八九年、日本評論社刊）で大佛次郎賞、二〇〇一年に吉川英治文化賞、二〇一〇年朝日賞受賞。

ジは自分のものだ、と。「なんで?」って訊いたら、おれが植えたんやって。でも三男は、「長男が「植えろ」って言って、実際土を掘ったのはこのおれや」と主張する。所有権は、土地の持ち主でも、労働によっても、苗を買ってきたことによっても言える。何も貢献していないけれど、「お腹すいたから何か食べるものをください」って言っただけでも手に入るかもしれない。

――法律の所有権だけでは語れない。

松村 所有については、法的な所有権や地域の慣習法での規定とか、制度やルールをもとに論じられてきた。でも実際の現場ではもっと流動的で、みんなが「おれのだ」って言えるんです。法律論を越えて、所有とは何かを考える。それは、じつは日本でも同じなんです。

物乞いの話にもつながります。エチオピアの物乞いは当たり前のようにもらう。「よかったね、神さまがあなたを祝福してくれるよ」っていう感じで過度に感謝を表現しない。神さまが感謝してくれるから、お礼は神さまがするっていうのが非常におもしろい。日本だと持っている人は偉くて、持たない人は卑屈になる。だから「生活保護をもらっている人は慎ましく暮らせ」、となる。障害年金もらっている人もそうかもしれない。

エチオピアでは、「よかったね、わたしにもらってもらえて、神さまが見てくれているよ」となる。日本とは弱者と強者が逆転している。それがおもしろい。

――相互に気が楽ですよね。わたしも実は何人かにお金を持ち逃げされたことあるんです。そのとき、人の金を踏み倒して生きるのはしんどい、踏み倒されて飯を食えるなら、こっちの方がいい、と自分を慰めました。

松村　まさに、小川さやかさんの世界（タンザニア商人が仲間から借金しても返済しないままにしている話）とエチオピアもつながっています。お金を貸して返済を督促するのはしんどい。貸した方が金に困れば、貸した金を返せというより、また別の人から借りる算段をする。

人間関係は後腐れで育つ

――日本はお金をきっちり返す。そして信用を重ねる。タンザニアはお金の収支を明確につけない。お互いの関係を絡め合う。

松村　後腐れのない関係は、すごく大切なモノも洗い流してしまうんですよね。人類学者のデヴィッド・グレーバーが『負債論――貨幣と暴力の5000年』[※4]という本に書いていまし

（※4）『負債論――貨幣と暴力の5000年』
デヴィッド・グレーバー著、二〇一六年、以文社刊。
人類にとって貨幣は、交換という利便性の反面、バブルなどの破局に向かう幻想の源泉でもある。人類史的な視座をもって、このような貨幣の本質からリーマンショックやギリシア・デフォルト問題などの国際的な金融的危機を解明する壮大な構想を展開する。産業資本が衰退し、金融資本が質的、かつ量的に拡大するいま、現代資本主義を理解する上で必読の文献である。

たが、お父さんから息子が「お前を育てるのにこれだけの金がかかった」と言われた。すると息子が「はい、じゃあこれを」と耳をそろえてその金額を返すと、それっきり縁が切れた。借りを返すって、人間の関係を断ち切ることと同じです。

お金に限らず、人との間に多少の貸し借りがあったり、あっちこっちに貸し借りがあることが、人との結びつきを広げたり深めたりする。親子や恋人同士や友人関係でも、愛情が基盤をつくっているのではない。逆に、貸し借りがあるから愛情があると感じるともいえるのではないか。

――でも残念ながら、生きることは金とルールで済ませる傾向ですね。電車の八人掛けだったシートに二本のポールが立って、もう「詰め合わせてお座りください」とアナウンスをしなくなった。二本のポールの間に、二人、三人、二人と行儀よく座る。でも、気の毒なのは、体の大きな人。二人掛けに一人しか座れない。余裕のある席のはずが、逆に窮屈そうに座っている。あれも、差別ですよね。マナーをルールに換え、ルールをデザインに代替えさせた罪です。マナーは気づきで広めなくては、マナーにならない。

松村 日本社会で何が失われたのか。ひとつは、自分の周りで何が起こっているのか、キョロキョロしなくなったことです。東京に来ると、特に感じます。

人がいすぎて疲れる。できるだけ、人がいないように振る舞う。かつては、この人しんどそうな顔してるなあ、とか、コミュニケーションが誘発されていた。でも、いま効率的にシステム化されて、その枠にすぽっと入ればおしまい。電車の中では、年齢や性別など見えるものだけで判断されて、体調や顔色などは無視される。人間は多様性に満ちていて、状況にも違いがあるので、その場の状況をきちんと読みとりながらネゴシエーションしていくものなのに……。

——多様性の時代に、多様性が失われていく。

松村　エチオピアでは、七人乗りの車に二〇人ぐらい詰め込まれる。外国人なら、慣れていないからここに座れと譲ってくれたり、荷物はここに置け、と教えてくれたりする。すごい気づかいや適応力、調整力です。みんな、車内の状況をちゃんと見て対応せざるをえない。
　こんな能力は日本の都会では薄れていきます。その分、ルール通りやればいいから、楽なんですよ。でも、気づきを失う。うしろめたさも感じなくなる。

倫理は消えて、ルールが残る

——気づきが失われて、ほんとうに大切にすべきことが見えなくなっている。ルールだけが肥満している。

松村　ルールって人から与えられるものになってますけど、わたしたち自身に都合がいいルールをその場でつくるのが、いちばんなんですよ。
　自分たちでつくった規範の中には、その場にいる他者の姿がある。だけど、与えられたルールの世界には他者の姿はない。ルールとわたししかいない。ルールとわたししかいない世界ではうしろめたくないんです。何をやっても、ルールさえ守っていれば。他人が困っていようが。公文書をシュレッダーにかけても……（笑）。

――ボスが言っていることだからって、わたしのせいじゃないって。倫理観がなくなっている。

松村　裁判でも情状酌量があるのは、ルールが絶対ではないってことを、法律の世界でも認めているわけですよ。刑罰もその犯罪の結果だけに一律にルールを適用しては裁けない。

日本の学校の中でも無意味なルールがいっぱいある。髪の毛の色、くつ下の色やズボンの丈……。無意味なルールを守ることがよいとされる。そもそも誰が決めたのか、なぜそんなルールにしたか、先生も知らない。

ただ、ルールというだけの権威がのさばっている。そんな中で育ってきて、大人になって、社会の問題も問わなくなる。自分で考えようとしなくなる。上が決めたことだからと言って。

――いまの話を聞くと、一億総引きこもり時代に入っているような気がしますね。何も考えんと、ルールだけ守ったらいい。早く家に帰って、一人になろう……。

松村　そうですね。こういうことを考えさせられたのは、東京に五年間いたからです。これだけの人間が暮らしていくために、電車の乗り降りに、みんなが淡々と秩序よく並ぶ。学生時代は京都にいましたが、京都でも並ぶんですけど、ぼやっと並んでたんですよ。びっしり一列とかじゃなくて。

三五歳で東京に来ました。人がいっぱいいると最初はすごく疲れる。みんなぶつからずに歩けるのに、わたしは足がつっかえて、ぶつかりそうになる。でもあるとき気づいたんですが、前から来る人をボールだと思ったら、全然当たらないんですよ。なんで足が止まるかっていったら、人間がくるって思うと、「この人はわたしのことを見て避けてくれるかもしれない」とか、って考える。すると足がとまっちゃう。それってお互いを人間だと思っているから、相手の思いを読みとろうとする。お互いをボールだと思ったら、そのまま軌道を維持すればいいんです。人間をボールだと思ったら楽になっていくシステムだった。

そのときに、そうか、自分も人からボールだと思われているんだな、と。人間だと見なされてないんだな、と。そういう人間を人間と見なさないことが、人間じゃなくモノのように動くことがこのシステムを成り立たせる欠かせない条件になっていた。

——逆に、人間もシステムの駒になりきる。

松村　みんな淡々と同じ動きじゃないとつっかえる。わたしは、ベルトコンベアー上のモノ。だからみんなと同じ動きができない人は邪魔者扱いされる。エチオピアはシステムがいい加減だから、その場で人間同士がウジャウジャ交渉してやっていくしかなくて、それはものすごく面倒くさい。タクシーに乗るのにメーターもない。でもその交渉のなかで、その場の人の動きに合わせて柔軟に対応している。ルールのない融通無碍な社会と、すごくスムーズにシステマチックに動く日本の都会っていう対比の中で、こっちのシステマチックな社会で失われていくものがあることに、エチオピアから見て気づかされました。

——でも、システムに乗り切れない人、システムと一体になれない人がいる。そんな人はどうすればいいのか。

松村　そうなんです。そのシステムをよりよいものに変えようとするときには、みんなと同じようには動けない人や違う価値観を持つ人の存在がむしろ大切なんです。

世の中を誰がよくしてきたかって、逸脱者なんですよ。ルールを破る人。これはジェームズ・スコットが『実践　日々のアナキズム』(※5)という本で書いているんですけど、ぼくらがかつてよりましな社会に生きているとしたら、その実現のために法を犯して抗議した過去の法律違反者たちの恩恵を受けているからだ、と。

たとえばアメリカの公民権運動などがその例なんですが、大きな話だけじゃなくて、小さな現場でちょっとずつ逸脱していって、「これはいやだ」とか、「こうしたい」って言い合う。そうやってルールもシステムも、よりよいものに変えていったほうがいい。みんなが最初に誰かが決めた既存のルールに沿ってだけ行動してたら、まったく状況は改善しない。

——理論ができて感情が動くのではなくて、感情が動いてやらざるを得ない、やってしまったことを正当化するために理論があると、本に書かれています。ということは、感情に素直にいっぺんやらせてあげる。「うしろめたさ」に従ってあげることが、楽しく生きるコツですね。

（※5）『実践 日々のアナキズム――世界に抗う土着の秩序の作り方』ジェームズ・C・スコット著、二〇一七年、岩波書店刊

死ぬから咲く、いのち

藤原辰史

藤原辰史（ふじはら たつし）
1976年生まれ。京都大学人文科学研究所准教授。専門は農業史、食の思想史。著書多数。註で紹介した本のほか、『カブラの冬』（人文書院）、『ナチスのキッチン』（水声社；決定版　共和国）、『稲の大東亜共栄圏』（吉川弘文館）、『トラクターの世界史』（中公新書）、『給食の歴史』（岩波新書）、『縁食論』（ミシマ社）、『農の原理の史的研究』（創元社）など。

二〇一九年、サントリー学芸賞の贈呈式で会った藤原辰史さん。「民主主義は、差別を受けてきた人たち、もっと言えば動物や植物などの生命体も含めた自然観があって建設できる」「分解者が、捨てられたものにいのちを与える」。異色のスピーチだった。意味はわからないがドキドキした。

子どもが大好きな「掃除のおじさん」

――藤原さんの本を読んだのは『ナチス・ドイツの有機農業』(※1)からです。こんな農業の本もあるのか、と驚きました。

藤原　わたしはノンジャンル・フリースタイルです(笑)。社会から捨てられた人とモノからしかものを見ない、と限定づけて、人文学をやりたいと思っています。「不要」と思われたりしているところにこそ、この社会を動かすカギがある。そこを掘っていけば掘っていくほど、すっごくおもしろい。ぼくたちが知らない世界があります。

――昨年(二〇一九年)一二月、『分解の哲学』(※2)でサントリー学芸賞(※3)を受賞された会場で、思い

(※1)『ナチス・ドイツの有機農業――〈自然との共生〉が生んだ〈民族の絶滅〉』
二〇〇五年、柏書房刊。ナチス農本主義とシュタイナー農法の生命観が、なぜホロコーストに行き着いたのか？　農業史が明らかにするナチスの世界観。

切ってインタビューをお願いしました。『分解の哲学』は、出だしから「排除されるモノ」の匂いに満ちていました。

藤原　あの「掃除のおじさん」は、軽度の障害者でもあることを匂わせましたが、彼がやろうとしていることを、かっこいいことやなあと感じたので、書きたかったんです。

——藤原さんがお住まいだった公営住宅の清掃員だったおじさんが、ごみ箱に捨てられた段ボールや発泡スチロールを、恐竜や自動車にして、子どもたちを喜ばせた。

藤原　あらゆるものに潜んでいる生命的なものを、彼はつなぐ。『分解の哲学』って、鎖はどこまでも続くよ、っていう話なんです。

実は、わたしがこれで示したかったことはもう一つあって、非生物にも何か宿っているように思える瞬間があるってことなんです。おじさんのつくる段ボールの怪獣にも、さまざまなモノにも……。捨てられていくモノでさえも、愛着を持って論じていくと、もっと壮大な鎖を描けるんじゃないかっていうのが、この本の目論見なんです。

——捨てられたモノに、もう一度いのちを吹き込む。

藤原　非生物からもう一回生物の存在のユニークさを映し出せないか。掃除のおじさんの後に出てくる積み木もそうなんです。積み木って生きていないけど、生きているって感じる瞬間がある。子どもが積み上げて、ガツンッて崩したときに、大人はウッてなって、このやろーって思う。でも子どもはキャッキャ喜んでいる。あの積み木が躍動している瞬間みたいなものをつかまえれば……。

障害者も、社会から見捨てられたと言われている人たちも、すっごい大切なものをずっと扱っているという気がするんです。「屑拾いのマリア」(※4)の章もそうですけど、捨てられたごみを集めて、さらにリサイクルするという役割を果たしてます。

――それは、掃除のおじさんにとって大切なものを扱っているのか、それともわれわれにとって大切なものなんですか。

(※2)『分解の哲学――腐敗と発酵をめぐる思考』
二〇一九年、青土社刊。歴史学、文学、生態学から在野の実践知まで横断する、〈食〉を思考するための新しい哲学。

(※3) サントリー学芸賞
一九七九年にサントリーが創設。「政治・経済」「芸術・文学」「社会・風俗」「思想・歴史」の四部門で、著作を通じて研究・評論活動で顕著な業績を上げた個人に贈呈。藤原さんは『分解の哲学』によって、二〇一九年度「社会・風俗」部門で受賞。

(※4)「屑拾いのマリア」
『分解の哲学』の第四章、「屑拾いのマリア――法とくらしのはざまで」。屑を拾って集める「屑拾い」は「バタヤ」といった。東京台東区浅草聖天安置六三番地、隅田川の河畔にあるバタヤ部落は、「蟻の街」と呼ばれた。その町に、のちに大学の学長まで務めた学者の父を持つ娘、北原怜子が住み着き、バタヤとなって貧しい人を助ける。

藤原　両方です。まず掃除のおじさんにとってみれば、わたしたちが不要だと言って捨てたモノを、もう一回再利用して、子どもの目がキラキラッとするようなおもちゃに変えてくれる。ぼくらが「要らない」って言ったものを、「要る」に変えてくれる作業です。

いまは冷たい社会で、障害を持つ人たちが、生産性が低いといって経済原理から排除されがちだけれど、実はそういったものこそ、子どもの目をキラキラさせるようなものをもう一回つくってくれる。あるいは変換してくれる機能がある。おじさん自身も清掃員という給料がそれほど高くない仕事をしている人ですが、とてつもなく尊い仕事をしている人に変換できる。捨てられて要らないと言われたものが、コロッと変換するのは、人間もだし、モノもだし、全部そう。ここを「分解の世界」って言うと、障害者の方も屑拾いの方も、ナチスによって「生きるに値しない生」と言われた精神障害者の人も、歴史上の主人公に変えられるかな、っていう思いでやりました。

不完全なモノから世界は生まれる

――じゃあ、最初の掃除のおじさんで、すべてが出そろっているのですね。

藤原　そう、序章でほぼ全部語りつくしてるはずです。

――おじさんの次は、金継ぎの話です。捨てられるはずの壊れたモノが、美に変わります。それも、「割れた」ことを生かして。

藤原　そうです。大量消費社会では、器は割れれば、ごみになるものだけど、漆で接着し直せば、割れ目を模様に変えてくれる。『分解の哲学』は障害者論として書かれた本ではありませんが、価値転換という意味では見つめる方向性はあまり変わらないかもしれません。

――その価値転換を、掃除のおじさんでは、子どもが介入しますよね。

藤原　そうなんです！　子どもはわかっている。要らなくなったモノをこんなにおもしろく変えてくれる、掃除のおじさんこそが本当の大人だ、って感じていたんです。おじさんに集まってくる子どもたちって本当たのしそうでしたもん。

――子どものころは、おもちゃでないものをおもちゃにするのがたのしかった。おもちゃを買ってもらえなかったこともありましたが……。

藤原　ずいぶんと消費社会が浸透したはずのわたしの世代でも、木の枝や石ころとか、そのへんに転がってるモノを組み立てて遊んでました。その延長が積み木です。いまは完成されたモノで遊ぶようになったけれど、昔はおもちゃとして完成されていないモノでも遊んでました。不完全性の魅力を、わたしたちはいつの間にか忘れて、おもちゃ屋に行って完全なものを買って遊ぶようになってきている。大人はそれを買い与えてくれるし、大人の世界はゲーム機を含めて、そういうことを与えてくれるけど、掃除のおじさんは、不完全なモノからおもしろいものをつくり出すという、すごく大人な世界を広げてくれている。

――大人が用意した遊びは、最終ゴールを達成したら、世界が見える。世界はすでにある。しかし、藤原さんが示すのは、「世界が生まれる」んですね。

藤原 そう、生まれるんです！ ゴールがないんです。掃除のおじさんが、世界をつくるんです。それは、子どもにとっては怖いことですよね、どこに連れていかれるかわからない世界です。でもそれが大人じゃないですか。完成した世界のゴールは、東大合格とか、ハーバード大合格、大企業で昇進とか。それもいいけど、そういうゴールを見せるゲームに、子どもは失望しはじめているわけです。だけど掃除のおじさんは、ゴールの見えない世界を示してくれた。積み木の遊びにもゴールがないですよね。

――『食べるとはどういうことか』(※5)は、子どもたちといっしょに、食について考える本ですね。まず、おいしかったものの思い出を聞くと、いろいろなおいしさが出てきました。

藤原 「おいしい」とか「うまい」とか、毎日のように言うことはできない。でも、子どもでも誰にでもある感情の世界です。

――わたしは、卵焼きがすぐ浮かびました。子どものころ、卵焼きが大好きで、卵焼きだけで腹いっぱいにしたい、といつも言っていました。でも、両親は笑うだけで、相手にしてくれない。ある日、二〇歳近く歳の離れた義兄が、二〇個の卵を持ってきてくれて、「これ全部卵焼きにしてもらい、これだけでお腹いっぱいになり」、って言って……。母が卵焼きにしてくれた。夢にまで見たのに、食べたら、おいしくないんです。二〇個も食べられない。おいしいもんを、おいしいもんだけ食べてもおいしくないと発見した。悲しく虚しい思い出です。

藤原　人間の欲望って、抑えつけられてないと発動しないということは、すでに中世の哲学からも読み解くことができるそうです。最近読んだ山内志朗さんの著書『新版 天使の記号学』(※6)で書かれています。さっきの卵焼きは、欲望が満たされた時点で欲望ではなくなった。つねに欲望の発動を妨げられているからこそ、欲望は尊くなる。制限されていることで、逆に駆り立てられる。人間ってひねくれているんですね。

本当の欲望の裏には飢えというか、渇望がある。渇望こそ欲望のはずなのに、いまは渇望をしなくても欲望が駆り立てられるような世界になっている。それは広告とかによって。

欲望の製造と、飢餓の創造の終わり。

――飢餓と戦争は、藤原さんの基本的な研究テーマですね。いまは、逆に「飢餓を創造する」時代になった。

(※5)『食べるとはどういうことか――世界の見方が変わる三つの質問』
二〇一九年、農山漁村文化協会刊。「食べる」ということをめぐる三つの問いを軸に、藤原先生が中高生とともに語り合う。教えるのではなく、手探りの思考を本で再現する。

(※6)『新版 天使の記号学――小さな中世哲学入門』
山内志朗著、二〇一九年、岩波現代文庫。肉体、欲望、存在の一義性などの諸問題を考察しながら、中世哲学の本質に挑む。

藤原　「飢餓が歴史を動かす」視点から、第一次世界大戦期のドイツの飢餓を研究してきました。いまは、飽食の時代で、つねに欲望が全開。その裏にある飢えとか渇きがテーマになりました。

――食に飢えている人、飢えのないことに飢えている人もいる。

藤原　飢えをつくって、大量にモノを氾濫させるしかない。その大量なモノの中で、モノを持つ人、持たない人の差異をつくって、その差異で欲望を生産する。そして、欲望を満たして、欲望を解放させたかったんだけど、結局人間って欲望はあるけれども限界がある。さっきの卵焼きの話です。

テレビのお宅拝見番組で見た、豪邸に住む芸能人は、お金が急に増えた後、何をつくったかっていうと、結局金のトイレ程度のものだった。欲望には限界がある。それでも欲望をもっとつくれ、お前ら飢えている、って言い続ける社会にいま無理が来ている。もう壊れかけている。

じゃあ壊しちまえ、とわたしは、『分解の哲学』を書きました。カンフル剤を打ったって、もう欲望は出てこないよね。それよりも、すごく身近なところで、家で焚火をして、さつまいもでも焼いた方がたのしい。そこで、分解が出てくる。大量生産、大量消費社会という、もっと生産せよともっと消費せよという圧力に、みんな疲れが出てきているんですよ。

――飢えから解放されて、「食がいのち」でなくなったことも問題です。われわれは、元はいのちであったモノしか食べられないのに、まるでモノのように食を扱っている。

藤原　いのちじゃないモノで食べられるのは、唯一塩だけです。塩は元は岩石か海なんで。不思議です、なんで塩だけなのか。

『食べること考えること』(※7)という本で、「食べものという幻影」というエッセイを書いたんです。その意図は、食べるものは全部生き物なんだけど、全部死骸だということです。イカの踊り食いだって死にかけです。食べるのは、全部死にかけか、死んだものです。火にかけたり、叩いたり、なぶり殺したりしたものです。

まず殺した感覚がないというのは、食べ物がモノ化しているからだと思うんです。殺すことは基本的には外注なんで、誰かにアウトソーシングして、わたしたちが食べている。でも、里見さんが子どもだった時代は殺した感覚が残っていたと思うんです。あるいは、殺されるはずの動物を見てました。牛乳とかも、お乳の張った牛からしぼるのを見る人はまだいた。いまは、工場でできて、すっかりモノ化している。それはやっぱり生き物のいのちをいただいている、ストレートに言うと殺している、その尊さみたいなものが失われているから、モ

(※7)『食べること考えること』
二〇一四年、共和国刊。ナチス・ドイツ、明治時代の貧民窟ではどんなものを食べていたのか、食の過去から、これからのエネルギーのあり方や、生命倫理、生活文化を語る。

ノ化する。そこをどうやって、もう一度食べ物を生き物の死骸として想起させつつ、食べるということを回復していくかが、わたしの主題です。

――食のいのちを取り戻すのは、どうしたらいいのか。本にも書かれてますけど、アニマル・ウェルフェアの話があります。ケージの中に閉じ込めて、骨折れても平気。あれは完全にいのちではない。

藤原　ウチも飼っていましたが、経済動物は途中で愛着が湧きますけど最後はモノです。鶏をギュウギュウに詰め込んで、効率的に育てるためにケージから出さない。そうすると、ウイルスが蔓延しやすくなる。だから、たくさんワクチンを打つ。それで、体が弱くなって、肉がおいしくなくなるという、悪循環をやっている。食の現場自体も、生き物がモノ化しているわけですよね。

　食べることにみんなが欲望しなくなってきたので、どんどんパッケージとか広告が費やされていく。いまも一つの食べ物に対して、五〇〜七〇％くらいの広告費が投入されて、わたしたちはたとえば原価一〇円くらいの食べ物に、一〇〇円を払って食べてるわけです。広告に欲情して食べている。それは、見た目とか、ライフスタイルとかの物語で食べている。それをもたらしたのは、傷がついていない野菜がおいしいとか、まっすぐな茄子がいいとか、清潔すぎる食べ物観だと思うんです。そこから回復しないといけない。

死の分解によっていのちをつなぐ

——死は、どうなるんでしょう。死ぬのは、家の外で死ぬ。わたしの幼いときは祖母は家で看取りました。でも、いまは家で死なない、死臭もしない。葬儀場は家のすぐ近くにある。すべて「生きている人仕様」になっていて便利です。死が日常の中に回収されてしまっています。もう生き物も生き物でなくなってきて、死も死でなくなってきている。

藤原　それも『分解の哲学』で考えたかったことです。わたしたちは、老いることを怖れて、死ぬことを忘れている。

わたしの実家は、ひいおじいちゃん、ひいおばあちゃんは、土葬でした。箱の中に、胎児の格好で納め、お花を置いて、掘った四角い穴の中に沈めるんです。この遺体が土壌の中で分解されていくんだなというのが頭の中に浮かびました。わたしたちも、微生物たちにとって食べ物なんです、本当は。死ぬってことは次の生き物の食べ物になることだった。人間だって、鶏だって、茄子だって。いつの間にか入口と出口をパチンと切られて、食べ物の由来も、食べ物の後も、関心なくなって、ただ消費するだけのものになっているけど、わたしが『分解の哲学』で言いたかったのは、生き物はモノになっても、みんなつながっているということでした。ここで切るんじゃなくて、入ってくるところと、出ていくところを見ると、こういうふうにつながってくる。それを思い出すことで、食べることって本当にすごくしんどいことだし、すごく壮大なことだし、すごくかっこいいことだし、すごく恐ろしいことだっていうことを、共有したいんです。

――『戦争と農業』(※8)でも書かれていましたね。農薬メーカーや行政は、ネオニコチノイドは弱毒性と言ってきたが、神経伝達物質アセチルコリンの受容体と結合して、人体に影響を及ぼす。生き物やあらゆるものは単体ではいない。結合して、連鎖していくわけですよね。単独では毒やないけども、つながったときに毒になる。とくにいのちは全部つながっている。

藤原　そうです。入口と出口でカットされているんじゃなくて……。本当は、日本社会は信じられないほど多くの人びとを傷つけた公害によって気付いたはずなんです。水俣病も、イタイイタイ病も、有機水銀やカドミウムがどうして人間の口までやって来たかというと、魚です。魚を漁師や農民が食べ、猫が食べ、周辺の人たちの口にも入った。国家も企業もこの連鎖に目を塞いで、被害者たちの救済を取り返しのつかないほど遅らせてしまったのです。目の前にあるサンマを食べるにしても、そのサンマが食べたエサ、さらにそれが食べたプランクトン、と全部つながっている。それを全部切り取って短い物語にはならない。

――全部排除して、単体で成立するかのようにみせる思想というか、世界観が問題ですね。そういえば、『戦争と農業』には、こんなことも書かれていました。「民主主義の建設は、いっしょに住んでいる動物や植物といった生命体も含めた自然観があってこそ、ようやく着手できるものではないか」。

藤原 他の生物とわたしたちがつながっている。つながることは怖いことでもあるが、その怖さを引き受けた生物連鎖を土台に据えたとたんに、世の中がめっちゃたのしく見えてくる。しかも、それをつないでいる人たちは、ずっと差別されてきた人たちです。

江戸時代の穢多や非人の人たちが、貧農たちよりも栄養的にはいいものを食べていたかもしれない、ってよく言われます。死んだ牛馬の皮を剝いで皮製品をつくるのは彼らの仕事だったので、剝いだ後に、牛馬の内臓を食べられた。そういう見たくない、差別の中心にある場所が、差別する側によってできるだけ見えないようにされていたんだけど、でも、生命の鎖を見直してみたら、差別を受けてきた人たちが森羅万象の主人公だった。世界から捨てられたり、差別を受けたり、石を投げられたり、お前は下だと勝手に言われたり、人間じゃないと言われてた人たちが、主人公である世界が見えてきた。そうすると、もう歴史を書き換えなあかんなあと、強く思います。

――農業、食、いのちから生き方を見直したいですね。

（※8）『戦争と農業』

二〇一七年、インターナショナル新書。戦機が農機具になり、毒ガスが農薬に発展する。いのちを奪うものと、いのちを育てるものの関係を解く。

2

表現がひろがる

障害者と笑おう！

空門勇魚

空門勇魚（そらかど いさな）
1984年生まれ。大阪出身。同志社大学卒業後、NHKに入局、大阪放送局に配属され、ディレクターとして活躍。『バリバラ』は2012年７月まで担当。２歳の時、病気により手足が不自由になり、車いす生活。2009年に結婚、現在一女の父。なお、空門勇魚は本名。苗字は、日蓮上人の命名との言い伝え。名の勇魚はお父さんの命名。鯨のこと。

ＮＨＫのテレビ番組『バリバラ』は、障害者が出てきて、障害者を笑う。初めて見たとき、顔がこわばった。「ボクも、障害者を笑っていいの？」けれど、よく考えれば、大阪のおばちゃんは、おばちゃんを笑う。サラリーマンは、サラリーマンをコケにする。感動したり、同情したりするのは、自分とは違う人だけれど、笑ったら、仲間になるという意識があるからだ。気持ちよく笑えるようになって、とても楽になった。『バリバラ』よ、よくぞ、大阪で生まれてくれた。

「がんばっている障害者は、もう、いい」

――空門さんは、ＮＨＫに入局以来、担当はずっと障害者がテーマの番組ですか。

空門　最初、『バリバラ』の前身と言える『きらっといきる』(※1)という番組を担当しました。

(※1)『きらっといきる』
ＮＨＫ大阪放送局が制作し、ＮＨＫ・Ｅテレで一九九九年四月七日から二〇一二年三月三〇日まで放送されていた福祉系情報番組。バリアフリー（いわゆる健常者との共存を図る）を目指して取り組んでいる。障害者を毎回一名（組）取り上げて、ドキュメンタリーＶＴＲとスタジオトークを交えて紹介していた。

多分日本のテレビで初めての、障害者だけをスタジオに呼んできて話を聞く番組です。一九九九年に開始して、当時としては画期的な番組だったそうです。

――視聴者のターゲットは、やはり障害者が中心だったんですか？

空門　いえ、一般の視聴者も対象です。みんなに見てもらいたいというつもりでつくっていました。

――登場するのは、健常者が見て「励まされた」とか、「ハンディをもって一生懸命やっている。すごい！」という人？

空門　とにかく「きらっといきる」人を見つけてきてその人を紹介するので、キラキラしている人、頑張っている人ということになるんですかね、うーん……。

――その後『バリバラ』が生まれるのは、いつですか。

空門　二〇一二年の四月から『バリバラ』に替わるんですけど、試行期間があって二〇一〇年の四月から二年間は、『きらっといきる』の番組の中で、月の最終週にやっていました。

――始まったきっかけは？

空門　二〇〇八年の八月頃、視聴者から「番組に出てくる障害者はハードルが高すぎる」という旨のハガキをいただきました。ものすごく頑張っている人、勇気を与える人、感動を与える人は、もう、いいよ、というようなご意見でした。

――例えば震災の被災者に「がんばって」は、もう、いいよ、と言われるようなものですね。

空門　そのハガキがきっかけになって、「きらっと改革委員会」を立ち上げました。番組への感想を障害者の人たちに聞くという試みを、四回やりました。そのまま番組としても流しました。結局、僕ら制作者は障害者のありのままの姿っていうのを描いていないんじゃないかと。頑張っている側面しか描いていないんじゃないかとか……。集約すれば、そんな結論になりました。

――ヒーローじゃなく、ふつうの障害者を出せばいい。

空門　でも、障害者のありのままの姿を映すにはどうしたらいいのか。話し合っている中で、僕らが『きらっといきる』のための取材に行って番組には取り上げなかったんだけど、おもしろかった話を取り上げればいいんじゃないか、と考えるようになりました。取り上げなかっただけで、ネタはあったんです。

「暴れん坊将くん」、さっそうデビュー

――大根だけじゃない、葉っぱも、うまい。

空門　そうですね。一回目は二〇一〇年の四月。タイトルは「暴れん坊将《しょう》くん」。「暴れん坊将軍」のノリですね。

「将くん」とは、川本将勝《かわもとまさかつ》くん。ほんとうは、「さん」づけで呼ぶべきなんだろうけど、ついい「くん」づけで呼んでしまう……。

彼は脳性まひ者で自立生活センターに通っていて、仲間内で「将くん」と呼ばれていた。当時二五歳。不随意運動(※2)があって普通に話していてもずっと動いている、暴れているんですよ。だから「暴れん坊将くん」。

『きらっといきる』で、僕の取材した三井孝夫さん(※3)という人の後輩が川本くんだった。そういう縁で知り合って、企画に発展しました。

――三井さんは、どういう方なんですか。

空門　骨形成不全という病気を持ちながら、ずっと障害者運動をしている方です。当時三二歳。若いんですけど、自分の地元・泉大津は障害者がまったく自立できてない、じゃあ俺がこの町を変える、と泉大津に帰って自立生活センターを立ち上げる。

その時、三井さんは川本くんを大阪市から連れてきて、「お前ここで自立せい」と言って、一人暮らしさせて「実績第一号にお前がなれ」と。なんか知らないけど川本くんは連れてこられて自立生活を始めたんです（笑）。

――すごい話ですね。川本くんは、納得してきたんですか。

空門　もちろん本人にもやる気はあったんですけど……。いまも一人で暮らしています。川本くんは重度の障害者で、寝るのもトイレも全部一人ではできない。二四時間介助が必要です。そういう人間でも、田舎町でも自立生活できるんだという実績をつくろうとして連れていったんです。三井さんに取材して、二〇〇九年に放送しました。

その後も、三井さんとたまに会っていて、川本くんをダーツの旅に連れていった話がでました。川本くんを一人で和歌山の離島に送り込む。その島の人と仲良くなってこいっていうのを、自立生活センターの人たちが、まじめに企画して実行した。悪ノリの気分もありますが……。

川本くんは、泉大津を出発して、一人で。道行く人に電車のつけてくださいとか、船にのっけてくださいとか、漁港に行って直接交渉したらしいんですけど……。飯も食えへんから食堂のおばちゃんに食べさせてくださいって言って……。

（※2）　不随意運動
自分の意志によらず、不随意筋によって行われる運動。身体バランスの調整・運動の円滑化に重要な機能を持つ大脳基底核を中心とした錐体外路が阻害された場合、異常な筋収縮が発生し引き起こるとされている。

（※3）　三井孝夫（みつい　たかお）
特定非営利活動法人リアライズ代表（当時。現在は退任）。障害者福祉の未発展な泉州地域（＝大阪府南部）の泉大津市を拠点とし、泉州地域の障害者福祉を充実させたいと、福祉事業所を設立。二〇〇九年五月二〇日放送のＮＨＫ教育テレビ『きらっといきる』「この町はオレたちが変える！」に出演。

脳性まひの将くん、一人旅に出る

――滑舌はいけるんですか、川本くんは。

空門　言語障害はありますが、ごくごく軽い。でも、まぁ見た目はずっとバタバタしてるし、近づきがたいといえば近づきがたい存在であるとは思うんですけど。それをずっとセンターの職員の人が隠れながらついて行って、写真を撮って、記録したんです。

で、それがすごくおもしろい。田舎に行くと、おばちゃんの障害者を見る目ってまだまだ古い。道を歩いていると、いきなりおばちゃんが出てきて、「ちょっとあんたかわいそうやなぁ、がんばって」って言って、いきなり千円札を握らされる。川本くんは「そんなお恵みみたいなものはいらないです」って言うんですけど、彼は一回その千円札を握りしめたら、返すことができないから、おばちゃんは立ち去ってしまって、自分の意思とは裏腹に千円受け取ってしまうっていうことがあったらしいんです。

そんな話を聞いたときに、ピンときました。川本くんといっしょに番組をつくったら、なんか、おもしろいことが起こるんじゃないか。僕らが計算したものとは違う、思いがけないドラマが生まれる。それで、川本くんといっしょにおもしろいことをしませんか、と三井さんに持ちかけました。川本くんもノッテきました。

――いよいよ、「将くん」テレビデビュー。

間が何人集まるかっていうのを検証する企画でした。

空門　一回目の企画はえびす橋、通称「ひっかけ橋」、ナンパスポットですね。そこに川本くんを連れていって、川本くんといっしょにおもしろいことをする仲間を探しに行こうと、八時間くらいそこに立たせて、「僕の仲間になってください」と道行く人に声をかける。仲

自分の手で釣竿を持って、海釣りがしたい

――集まった仲間と、何をすることになったのですか。

空門　一発目のあと、仲間が集まったんで、じゃあ川本くんがやりたいことをその仲間と叶えましょうということで、本人が「釣りをちゃんとしたことがない」と言ったんです。お父さんとか介助員の人に連れていってもらうけど、結局やってるふりしているだけ。自分の目の前に竿だけ置かれて、ヒットしたら誰かが来て「あぁ釣れたよ、よかったね」というような釣りしかしたことがないと。

「僕のこの手で魚が来る感触だったり、釣りあげて、とったぞっていうのをやりたい」と。それで実際に海釣りのできる公園に連れていって、不随意運動の動きで一本釣りをしようという企画をやったんです。

――不随意運動の手だから、「しゃくり」は得意だ（笑）。

空門　そうそうそう（笑）。あの企画は秀逸なＶＴＲなんです。いま見てもすごいなと思う

んですけど。それが「暴れん坊将くん〜海釣り編〜」。

――仲間は何人集まったんですか。

空門　えっと、一回目の企画で六人集まったんかな。けっこう若い一〇代、二〇代の子が興味を示してくれて。若い人ってこういうのにあんまり抵抗ないんだなぁと思いましたね。重度の障害者にも、こんな胡散臭い企画にも……（笑）。

――彼らも、おもしろがってるわけですね？

空門　うーん、大阪的にいうと川本くんって、すごいアホな子なんですよ。言っていることもよくわかんないんですよ。「おもしろいことをいっしょにやりましょうよ！」みたいな誘い文句でなんか熱だけはあるという。でもその熱に道行く人は惹かれて「いっちょ、のってやるか」みたいなことがあるんですけど。

――テレビ番組とわかる仕掛けですか。それとも川本くん一人で？

空門　もうガチで一人ですね。カメラは現場から離れたところで、小さいのを持って。だから、道行く人は、誰も気づかない。いきなり川本くんが来て、僕の仲間になりませんかって。

――びっくりするね。

空門　そうですね、だいたいスルーしてましたね。新手の詐欺じゃないかとか思いますよね。でも、実際誘いにのってきた人はいるし……。おもしろかったですね。彼自身の生き方の中に笑いがあるんです。この企画で、イケル、という手ごたえをつかみました。

――見たかったなあ。いままで主役だった三井さんから川本くんへ。見事な主役の逆転です。

空門　そういう指摘を受けると確かにそうですね。川本くんは『きらっといきる』では主人公にはならなかった。なったかもしれないけど、僕は川本くんより三井さんを主人公にしたかった。でも『バリバラ』では川本くんが主人公になる。三井さんはある種スーパーマン。こんな人は、『バリバラ』では出てこない。笑える人間が出てくる、『バリバラ』は。そういう人がいたからできた。

笑われるのは「おいしい」。大阪人のノリ

――川本くんは、他人がおもしろがってるというのは、当然、承知の上ですよね。

空門　そこが大阪人のノリですよね。自分がネタにされて笑われるのを「おいしい」と思ってる。多くの大阪人が持ってる気質ですよ。東京の人は嫌がる人もいるでしょうけどね。

――大阪だから『バリバラ』はできたと。川本くんを笑え！ってね。

空門　そうそうそう。川本くんをテレビに出して、それを笑ってくださいと言ってるわけだから。

視聴者から、障害者を笑いものにして、NHKは何を考えてるんだって言われると思ったら多分会社が企画を却下するじゃないですか。東京だったら、通らなかったかもしれません。大阪だったからできた。当時の企画部長の「別にええんちゃう」という一言で、スンナリ。

――へー。その前に障害者の人に見てもらって、意見をもらわなかったんですか。

空門　なかったですね。

――じゃ、あとで苦情や抗議がきて、こまったとかは？

空門　心の準備はしていたのですが、あんまり来なかったですね。

むしろ、当事者の方の好意的な意見が増えたという印象ですね。「こういう番組を待ってた」とか「よくやってくれた」とかは、当事者の方の意見が多かったと思います。

仲間だったら、笑えるやんか

――障害者は、何を待っていたんでしょうね。

空門　やっぱり障害者を笑うとか、障害者と健常者がいっしょにおもしろいことをして笑うとか……。人として、ごく普通の関係を求めていたんじゃないでしょうか。

――「福祉的視点の障害者」から、「仲間視点としての障害者」を、『バリバラ』は伝えたんでしょうね。それが、わたしの障害者イメージを変えた。『バリバラ』を見て、最初はドギマギしたけれど、いっしょか気持ちよく笑えるようになった。「いっしょの人間やんか」そのメッセージが伝わったら、いっしょに笑えるようになったんですね。すごい解放感を感じました。

頑張る障害者が出てきて、頑張る姿を見て、さあ、こんなにハンディのある人も頑張っているんだぞ、お前たちは、もっと頑張れ、そして支援しろって、見ててシンドかった。

空門 障害者も、健常者も、同じ気持ちだったんでしょうね。

――『バリバラ』では、ゲイ、レズビアンやその恋人たちが出てきて、ホテルに行くとか、ベッドシーンまで登場しますね。『バリバラ』以外で、こんなシーンを見たことない。障害者のイメージを変えるだけでなく、テレビというメディアの枠を壊すつもりですか。「障害者」を突破口にして、どこまでやるのですか。

空門 テレビのタブーを破ろうとしてるか、といえば、まぁそういう思いもあると思いますね。

でも、セックスとかセクシュアルマイノリティーとか、テレビ、いわゆる民放も含めて一般的な番組で取り上げられにくいテーマを扱うことは、僕らからしてみたら、すごく自然な流れでした。最初に始めた『バリバラ』は、バラエティー企画をメインにした「笑えるかどうか」で勝負。それが当事者からみたら「こういうのが欲しかった」と言われたり、健常者からしたら「ドキッとした」とか「考えさせられた」とか「自分の価値観を考え直すきっかけになった」とか、いわゆる揺さぶりをかける役割を果たしてたと思うんですけど、そういう試みを二年間続けて、ある一定の支持を得られました。

「セックス」のテーマは、自然の流れです

空門 それを定時番組にしていきましょうってなったときに、おもしろおかしいことをやる

だけじゃなくて、ふだん暮らす中で、障害者の人たちがいまどういう情報を欲しがっているかというのを狙いにした番組にしようとなった。それは、恋愛だったり、学校生活だったり、仕事だったり、日常的にあるテーマ、シーンにフォーカスを当てていこうということ。その流れの中で「セックス」っていうテーマも自然に出てくるでしょう。

――「セックス」への関心に、健常者も障害者も区別はない。

空門　とりわけ障害者のセックスライフっていうのを発信している情報源は、ほとんどないんです。テレビもラジオも、雑誌とか新聞を見渡してもない。だから「どうやってんねやろ」と、多分当事者にしてみたら切実な問題だと思うんです。要するに参考例がないんですよ。健常者だったら、DVDを見たり、ネットを見たりすればいいわけじゃないですか。セックスってこういうふうにするんだとわかるじゃないですか。

障害者には「参考にならん」。僕が正常位でセックスしている映像を見せられたところで真似できないわけですよね。何の実践にも役立たない。本当に欲しいのは、いざそういう関係になったときに、どうやったらいいんだとか、どういうふうにエスコートしたらいいかとか、具体的なハウツーです。

もっというと、そもそも恋愛の相手がいないとか、身体の関係になる相手がいないとか、劣等感とかコンプレックスをどうやって打開していくのかと。どういうきっかけでその殻をやぶって、いわゆる童貞を卒業したのかとかあるわけじゃないですか。わからないことだらけですよ。

――障害者には、誰も教えてくれない。

空門　健常者だったら、ちょっと調べたらでてくるし、学校でおませな子に聞いたらわかるわけじゃないですか。わかんないんですよ、僕らは。だから、すごく切実な問題としてあるんです。みんな興味はあるのに……。

そういう悩みがあるし、そもそも相談しにくいことですし、そうなるとドンドンふさぎ込んでいくというか、情報から遠ざけられていく。

じゃあそういう情報を発信していくのが、この番組が果たすべき役割なんじゃないかな、と思ったわけです。障害者が本当に知りたい情報を発信していく番組というのであれば、性の話だとか、セクシュアルマイノリティーの話だとかは、みんな切実に欲しがっているところだから、ごくごく自然に取り上げるべきテーマだろうということでやってて、それがまぁ、たまたまタブーに挑んでいる番組みたいに受け止められてるんじゃないかなぁ。もちろん取り扱いにはすごい気をつかって制作しましたけど。

――カップルが介助者つきでホテルに入って、ベッドインして抱き合っているのを見た時は、衝撃でしたよ。

空門　障害者にとっても、セックスは生きること。とても切実なことなのに、知る場がない。二重の切実さを表現したら、一般には衝撃だったということでしょうね。

――空門さんも思ってました？　恋愛とかセックスとか。

空門　思ってましたよ。まぁできなくてもしょうがないかなと。恋愛もそうだし、仕事とかも。普通に大学行って就職して家庭をもってっていう、ある種のスタンダードな生き方。そこにはのってていけへんのんちゃうかなあっていうのは、みんな持ってると思うんですよね。そう思わないとやってられないというか……。

僕も、男友達がしている、いわゆるエロ話っていうか、高校生のときにセックスの体位の話をしてたと思うんですけど、「お前どうやってやるの？」って訊かれて、答えられなくて。やったことないから想像もつかへんし、そん時ちょっと疎外感を感じましたね。

――興味を持つことで疎外感を深めていく。つらいね。

空門　そうですね、そこで会話は止まりますよね。こうやってやったらとか言えないですもんね。こんなずっとセックスの話してて、この企画は大丈夫か（笑）。

でも、それって多分仕事とかといっしょで、たとえば僕が大工さんやりたいって言っても、まったくわからない。どうやって屋根を上るか、のこぎりで木を切るかとかって考えていくと「やっぱ無理なんじゃないかな」と。実際無理だと思うんですけど。そういう選択をしていく場面で諦めてしまう。具体的な方法論を知らないとか、アドバイスをくれる人がいないとか同じような気持ちを持った仲間がいないとか。要するに情報がないってことなんだと思うんですけど、一言でいうと。そういう立場に置かれやすいんですかね。

――なるほど。じゃあ『バリバラ』を見た人で、仲間で情報交換しやすい状況も生まれてくるんですかね。

空門　番組出した後の反響はでかかったですけどね。「わたしはこういう悩みがあります」とか「わたしもおんなじような経験があります」とかそういうのはすごく多かったですね。それは共有したいとか発信したいとか、わかってほしいという気持ちだと思うんで、潜在的にはたくさんいるんだなという、裏付けではあったんですけど。

いっしょに笑って、いっしょにラクになろう

――テレビやマスコミも、健常者のものだったんだ。障害者は、切実なことを教えてもらえなかった。健常者は、その現実を知らないままでよかった。

空門　いままでは、健常者は障害者のことを知らないままで、勝手に障害者のことをイメージしていた。だから、いつまでたっても、障害者と健常者の距離は縮まらない。

それを少しでも縮めていく装置だと思ってるんで、『バリバラ』は。この番組を三〇分ちゃんと見たら何かしら感じてもらえることがあると思うんですよね。自分の障害者観に、揺さぶりをかける番組をつくりたいと思っています。揺さぶりをかけるってことは、これま

での自分が、障害者といわれる人とどう付き合ってきたかを考えるきっかけをつくることかなと思って。振り返ったあとに、この後どうするっていうとこまで考えられたら、それは一つその人のなかでバリアがちょっと崩れるっていうことになると思うんですよね。そこは番組をつくっていく上で、すごく大事にしてることです。

――バリアを一つ壊したら、自分のなかで一つラクになるっていうことを実感できたら、一番いいんですけどね。

空門　そうですね。多分これって言葉でいうとある種かっこつけた感じのものになるので、とりあえず番組見るのが手っ取り早いと思う（笑）。

――最初は笑いもこわばるけど、最後は気前よく笑えまっせ、と。

空門　と、思いますけどね。笑って、みんな仲間になりましょうよ。

〈編集部からご説明〉

インタビュー中、「将くん」こと、川本将勝さんのことを、「将くん」「川本くん」と表記しています。川本さんは成人ですので、「さん」づけにすべきかと、空門さんとご相談しました。しかし、本来、敬称は、二人の人間関係において決まるものだ、と編集部で判断し、「くん」のまま掲載しました。あわせて、『コトノネ』編集部の問いかけの時も、「川本くん」と表記しました。『コトノネ』編集部は、川本さんと何ら人間関係はありませんが、「川本さん」では、話の流れを壊すと判断したためです。不快感、違和感を抱かれたら、『コトノネ』編集部の責任です。ご意見は編集部にお願いします。

小さきもの、　遠きものの歌声

小川洋子

小川洋子（おがわ ようこ）
1962年、岡山県生まれ。早稲田大学第一文学部卒。88年「揚羽蝶が壊れる時」（『完璧な病室』所収、福武書店；中公文庫）で海燕新人文学賞、91年『妊娠カレンダー』（文藝春秋；文春文庫）で芥川賞。2004年、『博士の愛した数式』（新潮社；新潮文庫）で読売文学賞、本屋大賞を受賞。映画化もされ話題となる。06年、『ミーナの行進』（中央公論新社；中公文庫）で谷崎潤一郎賞、13年、『ことり』（朝日新聞出版；朝日文庫）で芸術選奨文部科学大臣賞、20年、『小箱』（朝日新聞出版）で野間文芸賞受賞。翻訳された作品も多く、20年には『密やかな結晶』（講談社；講談社文庫）の英訳版がブッカー国際賞の最終候補作にノミネートされる。

『博士の愛した数式』は、八〇分で記憶が消える数学博士が主人公だった。『猫を抱いて象と泳ぐ』は、チェス盤の下にもぐってチェスを指す小人のような男の物語だった。『ことり』は、小鳥の言葉しか話せないお兄さんと、その弟の話だった。わたしは、勝手に小川洋子さんの「障害者三部作」と呼んでいる。

小川さんは、障害者を描こうとしたわけではない、と思っていたが、それだけに、障害者の視点で聞いてみたかった。

社会の隅っこで生きる

——障害者の視点でお話を伺いたいと思いつつ、勇気がなかったのですが、河合隼雄さん(※1)との対談本『生きるとは、自分の物語をつくること(※2)』の中で、河合さんが「博士は障害者だね」と指摘されているのを知って、思いきってインタビューをお願いしました。

(※1) 河合隼雄(かわい はやお)
一九二八年生—二〇〇七年没。専門は、分析心理学、臨床心理学。とくにユング心理学の第一人者として名高い。元文化庁長官、京都大学名誉教授、国際文化研究センター名誉教授など多方面で活躍。文化功労者。

小川　確かに、ことさらなにか障害を持った人を描く、という意識はないですけれども、いま、書き終わって振り返ってみれば、あ、そうなんだな、と気づきます。

——障害者ではなく、イメージしていたのは……。

小川　何か欠落を抱えていたり、あるいは余剰なものを背負わされたり、というような意味合いで、本人の望みとは裏腹に、社会の隅っこに押しやられた、ほっとくとどんどん忘れ去られていく人ばかりを書いています。もうそれはデビューした時からですね。

——社会の「隅っこ」で生きる人ですか。

小川　そうですね。自分で意識して「こういう人を登場人物にしよう」とか、「主題をこういうことにしよう」というふうに、明確に定めているわけではありません。言葉で説明できない状態で書き始めていくと、自然に片隅に行き着いています。

小鳥のさえずりから生まれたことば

——では、『ことり』(※3)の、小鳥の言葉「ポーポー語」しか話せないお兄さんと、そのお兄さんの言葉がわかる弟、この二人から小説を着想されたわけではないのですか。

小川　あの小説も、二人の兄弟がはっきり見えていたわけではなくて、最初はハダカデバネズミ(※4)が見たくて、岡ノ谷先生の研究室を訪ねたのがきっかけでした。ただハダカデバネズミを見たいだけ、半分遊びのつもりだったのですが……。

岡ノ谷先生は、『さえずり言語起源論』などの本も出されていて、そこで人間の言葉と小鳥の歌が実は密接に関係があるという主張を展開されています。

――そこから、岡ノ谷先生との対談本『言葉の誕生を科学する』(※5)も生まれた。

小川　対談しながら、わたしも一生懸命勉強するし、人間がしゃべる言葉っていったいなん

(※2)『生きるとは、自分の物語をつくること』
二〇〇八年、新潮社刊：新潮文庫。『博士の愛した数式』の話から始まり、臨床心理の現場での発見、原罪と原悲など縦横に話が広がり深まる、河合隼雄さんの最後の対話本。

(※3)『ことり』
二〇一二年、朝日新聞出版刊：朝日文庫。人とは話せないが、小鳥の言葉が話せる「兄」。その「兄」と、たったひとり通じ合える「弟」、二人の世界を描いた小説。「兄」は、幼稚園の鳥小屋を眺めたり、青空薬局で棒つきキャンディーを買って、その包み紙で小鳥ブローチをつくって、独りの世界を生きる。「弟」は、「兄」に寄り添って暮らしながらも、図書館司書など限られた人との心の触れ合いを経験するが、最後は、メジロの鳥かごを抱えて死んでいく。

(※4)ハダカデバネズミ
東アフリカ・ケニア地区に生息する真社会性動物。女王のもとに地下のトンネルで集団生活を営む。女王が繁麺を一手に担い、ワーカー、ソルジャーで構成される。ハダカデバネズミは変温動物なので、女王に子どもが生まれると体温を下げないように、ワーカーが床に横になり「肉ふとん」代わりになって守る。『ハダカデバネズミ』(吉田重人・岡ノ谷一夫著、二〇〇八年、岩波書店刊)に詳しい。小川洋子さんの愛読書でもある。

なんだろうかという思いも深まるし……。それが小説『ことり』の出発点ですね。

――『ことり』では、お兄さん、「ことりの小父さん」と呼ばれた弟、どちらが先に浮かんできたのですか。

小川　どっちが先ともいえません。いろいろな要素が散発的に浮かんでくるんです。たとえば、小鳥のブローチとか。あるいは幼稚園で飼われている小鳥の場所のイメージですよね。あるいは、「メジロの鳴き合わせ会」(※6)に集まるような、非常に現実的な世界……。いろいろなものが、てんでバラバラに浮かんでくるんですけれども、じっと落ち着いてみているとだんだんそれらが結ばれていく感じがする。

無理やり結びつけるんじゃなくて、自然につながるのを待つんです……。作家が無理やり結びつけると面白くない作品になっちゃうんですよ。

――書き出すときは?

小川　あっ結びついたな、という感触が来た時ですね。非常に抽象的な感触なんですけれど……。

――最後の方に、世俗の代表のような「メジロの鳴き合わせ会」が登場しますね。

小川　「メジロの鳴き合わせ会」のことは、テレビのニュースで知りました。小鳥を歪んだ形でかわいがる人の持っている、ある種の邪悪な感じが画面を通して出てきていたんですよね……。

小さい命が自分の手の中にあって、生死を自分が左右できるというか、そういう傲慢な感じです。
それと対照的に、人間の言葉はうまくしゃべれないけど、小鳥の言葉を理解できるお兄さんが持っているような、生きづらさゆえの、純粋なもの。さまざまなものが、渾然として初期の段階からありましたね。

書き終えるまで、物語は見えない

――「メジロの鳴き合わせ会」の出番は、最後まで見えてこなかった。
小川　自分でもいつ出てくるかな、そういう感じでしたね。なかなか出てこないな。いつかは出てくるだろうな、と思いながら書き進めるんですけど……。でも、書いていくうちにだんだん、あ、次がこの場面なんだな、というのを感じる時がありました。

（※5）『言葉の誕生を科学する』
二〇一一年、河出書房新社刊：河出文庫。小川洋子さんと神経生態学者・岡ノ谷一夫さんとの対談本。人間の言語は、鳥のさえずりを起源とする岡ノ谷教授の研究の成果をもとに、言語はいつどのように生まれたのか、心の発生と言語の関係などを解き明かす。
（※6）「メジロの鳴き合わせ会」
メジロを籠に入れて、その声やその回数を競う遊び。密猟のメジロが使われることも多く、風流というよりも勝負事として楽しまれる傾向が強い。

――なんか、小川さんは作者ではなく、読み手のようなお話しぶりですね。小川作品の最初の読者というか。それとも、おばあちゃんの昔話を聞いている子どものような感じというのか……。

小川　そうですね、確かにはじめてあの本を読んでいくスピードと作者としてあの本を書いていく時の物語がわかっていくスピードはそんなに違わないかもしれないですね。ページをめくって次がどうなるか、めくってみないとわからない。

　まあ、恐ろしいこととやってますよねえ（笑）。

――じゃあ、『博士の愛した数式』[※7]の博士も、小説の構想の中で、まず、「八〇分しか記憶の続かない人」が浮かんだわけではないのですか。

小川　ええ、違うんです。最初はもう数学者を書くということしか、ほとんど決めていなかったんです。

　記憶のことが出てきたのは、かなり後からです。

　まず、博士とすごく世代の違う少年を描く時に共通の話題として野球がいいんじゃないかって、思って……。それで、博士くらいの年代だったら、江夏[※8]か村山[※9]のファンかなという感じでいろいろ野球のことを調べていたら、江夏の背番号「28」は完全数[※10]だってことに気がついて。しかもそれを阪神の時代にしかつけていないんですよね、江夏は。

　あ、それじゃ阪神時代の完全数をつけていた江夏、速い球を投げていた江夏しか知らないっていう設定にしたらいいんじゃないかと。そこで（江夏が阪神を退団した一九七五年で）

記憶がとまっている人にすればいいんだと思ったんです。

――それで、もう書けると。

小川　やはり、つながった瞬間は自分でも嬉しいんですけれども、いざ書くとなるとなかな

（※7）『博士の愛した数式』

二〇〇三年、新潮社刊：新潮文庫。交通事故による脳の損傷で記憶が八〇分しか持続しなくなってしまった数学者「博士」。その家政婦となった「私」と、その息子で、博士から頭のカタチが似ていると言って「√（ルート）」と呼ばれた少年、三人が数式の美しさを通じて、心を通わせていく様を描いた小説。映画化もされ話題を呼んだ。

（※8）江夏

江夏豊（えなつ　ゆたか）。一九四八年生。一九六六年、阪神に入団。背番号は完全数「28」。ルーキーながら、二二五奪三振のシーズン最多奪三振記録をつくる。一九六八年には豪速球に磨きをかけ、稲尾和久の記録を塗り替えるシーズン三五四奪三振の日本新記録を達成。その相手バッターは王貞治。一九七五年阪神退団。南海、広島東洋、日ハム、西武と転籍して一九八五年、数々の逸話を残して現役を引退する。

（※9）村山

村山実（むらやま　みのる）。一九三六年生―一九九八年没。阪神を代表する投手、闘志あふれる投球は、ザトペック投法として人気を呼んだ。

（※10）完全数

ひとつの数で、その数字を除く約数の和が、その数と等しい自然数のこと。たとえば、6は、1＋2＋3＝6。28は、1＋2＋4＋7＋14＝28。このような数字を完全数と言う。

かうまくいかないんです。

小さきものの、豊かな世界

――小川さんは、どこかで「辞書にのる前の言葉」を表現したい、とおっしゃっていましたね。言葉にすることによって消えていくものがある。言葉にすると落ちていってしまうことがある。『ことり』の帯に、弟と図書館司書の「あわい恋」とあったのですが、あれは、恋だったのでしょうか。「恋」と言った途端、大切なものが、抜け出てしまうんじゃないか、と……。

小川　名づけえない関係ですよね。わたしの小説にでてくる人たちの関わり方はなんとも言いようがない。お兄さんと薬局のおばさんの関係もそうです。

――薬局の店主であるあのおばさんにとって、お兄さんは、障害者ですよね。なるべく関わらないようにしている。お兄さんからの思いも受け止められない。でも、お兄さんが亡くなった後、棺に入れるキャンディーを弟が買いに行ったら、おばさんはお兄さんが好きだったキャンディーを黙って差し出しますよね。あれ、健常者と呼ばれるわれわれの思いが出てましたね。悪意なく、勇気なく、「戸惑う」ばかりのかなしさが……。

小川　あの街に住んでいる人は、司書さんもそうですけど、悪意はないんですよ。知らず知らずのうちに相手を傷つけてしまうことはあるかもわからないですけれど。

――お兄さんと弟は、結局二人だけの世界を生きるしかないのでしょうか。それ以外の人は、「戸惑って近づかない」だけか、「迷惑がって遠ざける人」なのでしょうか。

小川　二人は、毎日同じことを規則正しく繰り返す。その暮らしは、安全だし、心配事がないんですけど、否応なく遠くの世界から、邪魔が入る。そうして彼らの世界がだんだん壊れていく……。しかし、邪魔をした側の人びとに罪はありません。どんなに強固に見えても、兄弟二人の世界はいずれ壊れていく運命にあったんです。で、お兄さんは亡くなり、弟も、最後は誰にも看取られず、小鳥だけをそばに置いて死んでいきます。しかし、わたしはなんてみじめなかわいそうな人生なんだって思わなかったんです。

お兄さんにとってはたった一人理解してくれる弟がいて、幸せだったなと思うし、弟が死ぬときに、ちゃんとあなたの人生をわたしは書きましたよ、という気持ちで最後終われたんですよ、あなたが生きた証拠をここに残しましたよ、という気持ちでね。

――小父さんは、メジロの鳥かごを抱きしめて、二度と覚めない眠りにつきますね。すばらしいラストシーンです。抱いている小父さんの方が、逆にメジロに抱きしめられているようで……。

小川　そうですよね。だからよくニュースでね、独居老人の孤独死がすごく憐れなことみたいに報道されるんですけど、そんな風に悲劇だと決めつけるのもその人に失礼じゃないかと思ったりします。

じました。

ハダカデバネズミの秘密

――『ことり』では、障害者の生きる世界の狭さよりも、健常者と呼ばれる人間の世界の狭さを感じました。

小川　自分が見えているつもりで実は見えていない部分にも広い世界があって、そこにもいろいろな人が生きている。そういう場所こそ書くべきなんですよ、小説家は。

生きものでも、ハダカデバネズミとか、自分でおうちをつくるアメーバ(※11)とか、そういうものと実は自分たちは共存しているわけですよね、全然こっちに意識がないだけで。

多くの人から大事にされていない、あるいは忘れ去られている、そういうものに焦点を合わせて、そこに隠れてる深い世界を書くということは小説の役割だと思います。

それで読んだ人が「あー、自分は気がつかなかったけれど、世界は広いんだな」と気づいてもらいたい。

――ハダカデバネズミや有殻アメーバを、とても下等動物なんて言えませんよね。先輩動物と呼ぼうと思いました。そして、「人間なんて、小っちゃいな」と、とても倫快になりました。『ことり』を読み終えた時も、同じ思いが起こってきました。健常者の生活の外側に、いままでのいのちをつなぐ、広大な世界があるんだなあ、と……。

小川　ハダカデバネズミを見た時、なんて気持ち悪い動物なんだろうで済ませちゃう人と、なんでこんな生き方をするんだろうと考える人がいますよね。子どもを温めるために、肉ふとん係になるものや、外から蛇が来たら一番に食べられるために出口にいかなきゃいけない兵隊役のもの……。本当はみんなやりたくないんだけど、でもそういう風にして一生懸命、自分が生まれた世界で自分の役割を果たしているんだと思うと、いじらしくなります。どうせなら近寄って考えたいですよね。

切り捨てるのは簡単ですけど、切り捨ててしまったらそこから先には行けません。だから、この世に生まれたからには、そういう隅っこに押しやられているんだけど、すごい魅力を抱えている者たちの秘密に触れたいな、と思います。

――空を見上げるだけでなく、小さきものや、社会の隅っこにも、宇宙はある。

小川　自分が生きている世界がいかに深くて幅広くて、広々してるか、果てしもないか意識するということは、自分がいかにちっぽけかという事実を知ることになる。するとすごいやすらかな気持ちになる。

（※11）　有殻アメーバ
　ディッフルギア・コロナータというアメーバは、砂粒の携帯型家をつくる。大きさは、直径約一〇〇〇分の一・五ミリメートル。詳しくは、『建築する動物たち』（マイク・ハンセン著、二〇〇九年、青土社刊）を。

自分はこの果てのない世界の構成員としての小さな、あってなきがごとしの一粒なんだって思った時に、深呼吸できる感じです。

みんな誰かの邪魔をしている

――でも、障害者は、邪魔な人たちと思われているところもありますが。

小川　障害の有無にかかわらず、邪魔な人もたくさん生きているんですよね。自分も誰かの邪魔になっているし……。それに、障害者を深く考えていくと、なにが障害か、という問題になりますよね。

うちの父の家が金光教の教会だったので、ほんとうにいろいろな人が、家族以外の他人がいつも周りにいたんですよ。で、教会に来る人ってなにかしら、悩みを抱えていますよね。みんな苦しみながら生きているなあってことは子どもながら感じていました。障害があるなしという区別とまたちょっと違う座標で、みんな苦しみを背負っている。

そういう意味で、教会に集まってくる人はみんな平等なんです。障害者じゃなくても、みんな「生きづらさ」を抱えた人たちです。

――『ことり』の兄弟のように、誰に抗議するのでもなく、「生きづらさ」を受け止めて生きようとする人たち……。

小川　わたしの小説の中に抗議する人って出てこないですよね、まして理不尽に抗議する人は出てこない。

――でも、悲しみに打ちひしがれたという感じでもなく……。

小川　ひとりじゃない。必ず誰かそばにいるからです。

――そうですよね。亡くなるとき、いつも誰かいますよね。

小川　寄り添い、看取る人はいます。たぶんことりでも、アリョーヒン(※12)の看護婦長でも。博士の家政婦さんでもね……。その人がちゃんと、死の世界に旅立つのを見送る存在です。

――博士も、リトル・アリョーヒンも、ことりの小父さんも、三作とも、亡くなるところで終わりますね。

小川　そうですよね。ですから、わたしが書こうとした時点でもう死んでる人たちなんですよ。死後の世界からひとときこっちに来てもらって、一生懸命書いて、また死後の世界に帰ってもらう、という感じです。

――また、宇宙の隅っこから、死者を呼び出して、その声を聞かせてください。

（※12）　リトル・アリョーヒン
小説『猫を抱いて象と泳ぐ』（二〇〇九年、文藝春秋刊：文春文庫）の主人公。アリョーヒンは、チェス盤の下にもぐり、チェスを指す音、チェスの指し手を通して、人を知る。チェスの名手と認められながらも、老人ホームで入居者のチェスの相手を務めて、短い一生を終える。チェスを指さずに、つながりを持った唯一の人、ホームの看護婦長に抱きかかえられて、死出に旅立つ。

個人主義に「引きこもる」人たちへ

山田太一

山田太一（やまだ たいち）
1934年、東京都生まれ。早稲田大学卒業後、松竹大船撮影所入社。演出部で木下惠介監督の助監督に。1965年独立。以後約半世紀にわたって、『岸辺のアルバム』『ふぞろいの林檎たち』など多くの名作テレビドラマを手がける。1988年『異人たちとの夏』（新潮社；新潮文庫）で第一回山本周五郎賞受賞。2014年『月日の残像』で第13回小林秀雄賞受賞。主な小説作品に『飛ぶ夢をしばらく見ない』、『冬の蜃気楼』（以上、新潮社；小学館文庫）、『終りに見た街』（中央公論社；小学館文庫）、『空也上人がいた』（朝日新聞出版；朝日文庫）ほか。

「迷惑をかけてもいい。胸を張れ」と、テレビドラマの中で障害者に語りかけた山田太一さん。

でも、本当に呼びかけられたのは、社会の側、われわれではなかったか。

それから三五年経って、二つの当事者は、どうなったのだろう?

「仕事のワクを、はみ出せ」

――『コトノネ』としては、どうしても、NHKの『男たちの旅路(※1)』の障害者をテーマにした「車輪の一歩(※2)」について伺いたいのですが、その前に、「廃車置場(※3)」のお話がお聞きしたくて……。

そこに出てくるセリフにびっくりしました。部下の警備員に持ち場を離れてもいいから、強姦犯

(※1)『男たちの旅路』
一九七六年二月―一九八二年二月まで放映されたNHKテレビドラマ。警備会社が舞台。特攻隊の生き残りの司令補(鶴田浩二)を主人公に、戦争を知らない若い世代との葛藤を通して、社会の新しい価値観を模索する姿が描かれる。水谷豊、桃井かおり、柴俊夫、森田健作(元・千葉県知事)らが出演。

(※2)「車輪の一歩」

『男たちの旅路』第四部第三話、一九七九年一一月二四日放映。障害者と社会の関係を正面から取り上げたドラマ。車いす生活のため、アパートの狭い部屋から一歩も出られずに暮らす少女が、知り合った障害者の励ましを受けて、街に出る。そして、駅の改札までの階段の前で、「どなたかあたしを(階段の)上まで上げてください」と声を上げる。最初は、小さく、次第に大きな声を上げて……。

に襲われた女性を助けるべきだったと、鶴田浩二扮する吉岡司令補が部下を諌めますね。

山田　仕事のワクをはみ出せ。なぜ助けないっていう……。

――「会社の中の役割」の中にいる方が、安心ですからね。はみ出して、どこに立つのか。

山田　個人か、もう少し広い人間になるっていうことがあれば……。

――個人として生きるって、とても難しい。一人孤立する不安が大きくて、現実を受け止めきれない。

山田　われわれは、現実を避けて、わかりやすいものにするために、言葉を使うところがあると思うんですね。ポルトガルの詩人のペソア(※4)は、「人間は死を直視したくないんで、眠るって言いたい」と言いました。

現実は複雑で、どっちがいいとか裁けないようなことが多い。でも、それじゃあ生きていけないから、仮にそれを恋とか、愛と名づける。これをほんとに愛かって訊くと、ちょっと怪しくなってきますよね。そんなこと言ってたら話が進まないから、みんな名づけることによって単純化して、わたしたちは観念を生きているんだって思うんですよね。

ですから、僕らの普段言葉を使っている時って、みんな現実を、言葉で簡略化して、なんとか、わかった気になって歩き出せる。

だけど、もう少し立ち入ると現実ってなんだかよくわからなくなってきますよね。時に、言葉で見ている現実の裏を覗いてみる物語も大切なのでは、と思います。

犯人を捕まえた後の、あと味の悪さ

――その思いが、ラストシーンにつながるのですね。強姦犯を廃車置場まで追い詰めて捕まえる。その後、いきなり場面が駅のホームになって、ベンチに虚ろな顔の吉岡司令補たちが座っている。柴俊夫扮する警備員が「あと味の悪いもんですね」と、ポツリと言って終わる。

山田　そうでしたっけ、もう忘れちゃった（笑）。

――よくあるテレビドラマなら、警察に突き出して、ハッピーエンドです。それこそすごい「あと味」です。

山田　やっぱり、あと味の悪いもんだろうと思いますよ。確かに「悪」だけれど、人間の観

（※3）「廃車置場」
『男たちの旅路』第三部第一話。一九七七年二月五日放映。警備を受け持つ工場の近くで強姦事件が起きる。警備員は異変に気づきながらも、助けることをためらう。吉岡司令補が、「時に、仕事の枠を超えろ」と諫めて、犯人逮捕に動き出す。

（※4）ペソア
フェルナンド・ペソア。一八八八年生―一九三五年没。ポルトガルの国民的詩人であり、作家。著書に『不安の書』、『不穏の書、断章』など。

念の中での「悪」ですから。多くのことは、ある土地に行けば、むしろ善かもわからないっていうもんです。「悪」だとしても、罪が軽かったり重かったりする。

正義を疑わないで人を裁いた人って、あと味が悪いんじゃないかな。

――ほんとうに、正しいことをしたのか。

山田 殺すなんてことは、疑いようがないかもしれないけれど……。それでも戦争になれば、たくさん人を殺した人が表彰されちゃったりするじゃないですか。

――正義はうさん臭い。

山田 そうですよ。自分の中の善を行使したっていうような感覚には、なんだかどっか後ろめたいところがある気がしますね。

――じゃあ、いつもすっきりしないですね。生きるということは。

山田 そうですね、すっきりしない。すっきりしたいから言葉の中にみんな逃げ込むんです。みんなは、現実を片目くらいで見て、自分の観念の世界を生きている。言葉の力を使って、ね。

だから、言葉に力を持たせすぎてはいけないっていうような思いが、僕の中にはあるんです。

「正義」も「言葉」も、うさん臭い

――言葉もうさん臭いんですね。

山田　そうです。松竹って映画会社に入った時に「あ、言葉で生きていない人がいる」って知った。

僕は学生の頃、現実がつらくて、本の世界に逃げてた。つまり、観念を読んでいた。それで世界はわかったみたいな気がして興奮してたけれど……。

撮影の現場で、本なんか読んでいない、観念の世界を生きていない人と出会った。大道具さん、大工さんとか、そういう人たちでしたが。

家に呼んでもらって話を聞いていると、彼は奥さんを信じてるし、奥さんも亭主を信じてる。新婚のせいもあったかもしれないけど、すごくね、慎ましくて真面目なのね。ほんと感動したんですよ。

僕は、自分の言葉に入りすぎている、って恥ずかしくなった。なんて、いい加減な奴だろうと思って。

――「正義」も「言葉」も疑え、現実を見つめ直せ、という考えを伺っていると、「車輪の一歩」の中のセリフ「(障害者は)迷惑かけることを恐れるな。胸を張れ」にもつながりますね。

それにしても、約四〇年前のドラマです。当時の世相を考えれば、反発を買う言葉だと思うのですが、何か、影響を受けた出来事でもあったのですか。

山田　ええ、あの時、川崎の出来事が、きっかけでした。

――川崎駅前バスジャック事件(※5)ですか？

山田　そうです、青い芝の会(※6)の溝口での活動でした。僕は溝口の近くに住んでいて、身近に感じていました。

その少し前から、僕は身障者の人を全然知らないなと思って、それで付き合ってもらってたんです。青い芝の会ほど過激じゃない、東京の下町のグループだったのですが。

彼らは、「迷惑をかけてもいいんじゃないか」、「われわれを手助けすること、それを迷惑と思う方がおかしい」というような運動を始めていました。僕はその主張にとても共感してね。

それで「車輪の一歩」で、吉岡司令補に言わせました。障害者の人たちがその言葉を力にして「あたしを階段の上まで連れてって」って言うように書いたんです。

――感動的なラストシーンでした。「迷惑をかけるのが嫌」で家を出なかった車いすの女性が、やっと勇気を持って街に出る。そして、駅に上がる階段の前で、通行人に呼びかけるんですね。

山田　でも、「それはおかしい」って、当事者から言われたんです。

――どうして。

山田　まだ映像にする前に、脚本を見てもらったんです。自分たちは身障者として、いろんな経験を重ねて、「迷惑をかけてもいい」という考えにたどり着いた。それを身障者でも何でもない鶴田浩二が、説教するように言うっていうのは気に入らないって言われたんです。わからないこともないけど、じゃあ、身障者の人が、「わたしたちは迷惑をかけてもいいんだ」って、それを世間に言ったら「「何て奴らだ」って言われるでしょ」って言ったんですよ。お前らそんなに傲慢かって……。だから、当事者じゃなく健常者の言葉として言った方がいいじゃないか、と説得したんです。それで、みんなわかってくれて、そのまんま撮影ができました。

（※5）　川崎駅前バスジャック事件
一九七七年、路線バスが車いすの障害者の乗車を拒否したことに抗議して、青い芝の会のメンバーが、バスジャック事件を起こす。その時、最後までバスに立て籠ったのが、『コトノネ』五号の特集「いつも、心にふくしまを。」にご登場いただいた白石清春さん。

（※6）　青い芝の会
正式名称は「全国青い芝の会」。一九五七年に、障害の当事者である脳性まひ者が立ち上げた団体。一九七〇年、脳性まひのわが子を母親が殺害する事件に端を発した活動によって、世に広く知られるようになった。

「ひとりカラオケ」で歌う、讃美歌

——社会があっての個人だと思うんですが。

山田　そうだけれど、個人主義はどんどん進んでいますね。カラオケも、一人で歌う時代が来ていて「ひとりカラオケ」が広がって、一人カラオケ用ルームだってできている。そのVIPルームもあって、広い部屋で一人歌っているんでしょう。もう、誰も聴き手はいらない。拍手もいらない。つまり、そのくらい人に介入されたくないっていう思いは、個人主義の世界ではありますよね。宗教があれば、宗教でつながれるけれど……。いまの日本人は個人主義も歯止めがない。

じゃあなんで、自分の魂の平穏を維持しているのかって言うと、案外、僕は「ひとりカラオケ」なんかが讃美歌の代わりなんじゃないかなって思うんです。では、日本人の讃美歌はなんだ、と聞けば、演歌だって答えた人いましたね。

——人は、何かにつながっていたい。いまの周りの人だけでなく、宗教でもない。とすると『日本の面影』(※7)のテーマの文化じゃないんでしょうか。

『日本の面影』に、素晴らしいシーンがありましたね。ト書きを読むと、松江の宍道湖の朝「小舟の上。漁師が太陽に向かって柏手を打つ」とある風景ですが……。

山田　これは明治の頃の話ですが、僕が実際取材した頃でもいましたよ。離れ離れの小舟の上で、漁師が漁にかかる前に、太陽に向かってお祈りをする。いまでも行われているんだけれど、あまりいい絵にならなくて……。敬虔な感じが出なくてね。ちょっと残念だったなあ。

――「祈り」を通して、永遠の文化につながっている気持ちがしました。

山田 何か永続的なものに、自分はつながっているという気持ちがある人は、やっぱり平安な死に近いのかな。でも、戦後、信仰のようなものは非科学的だ、と言って整理してきましたよね。

僕は必要だと思いますね。個人が個人だけで、振り払って振り払って個人だけで一人で幸福を味わい、不幸と戦うという風なところではやっぱり限界がある。

どっかで永続的なものが欲しい、宗教でなくても……。

現実を支える、永遠なるものの力

――『飛ぶ夢をしばらく見ない』(※8)は、文化ではなく、宇宙につながる本ですね。六〇歳を超えた女

（※7）『日本の面影』

一九八四年三月三日―三月二四日まで、NHK総合テレビで四週連続放映。急激に西洋化する明治の日本社会と、日本の伝統的文化、生活風習を愛する小泉八雲（ラフカディオ・ハーン）の葛藤を描く。『日本の面影』（二〇〇二年、岩波書店刊）で、本でも楽しめる。

性と中年男性の会話のセックスに始まって……。その性がドンドン若返って、幼女となる。その幼女となった女性と最後の夜を過ごして、小説は終わる。

山田　あれは、あんまり観念的な助けがなくて、妄想です。全部嘘八百。

——小説は幼女のところで終わったけれど、あの女性は、死ぬというより、分子になり、原子になり、宇宙の過去へ旅しているんじゃないでしょうか。読み終えて、そんな映像が浮かびました。

山田　それも幻想でしょうけれどもね。でも、僕ら現実だけじゃ生きていけないですよね。だからそれぞれが生きていく力を得るような、幻想を抱きたくなるんじゃないですかね。それが、祈りであったり、文化であったり、宇宙とのつながりを思ったりする人もいる。結局現実ではないものに救いを求めるところが、人間にはあると思いますね。

——そういう意味では、迷惑かける、かけないだけにすがって生きるということは、非常に世界を狭めてしまう。

山田　そうですね、狭い。それでいいって言う人だってもちろんいるわけで、それはそれでいいと思います。しょうがないもの。

——でも、わたしたちを、もっと広い世界に誘い出す作品を書いてください。『月日の残像』[※9]、東日本大震災に材をとったテレビドラマ『時は立ちどまらない』[※10]も、楽しみにしています。

（※8）『飛ぶ夢をしばらく見ない』

一九八五年、新潮社刊：小学館文庫。時間が過去へと戻る女性の恋物語。「車いすの物理学者」S・ホーキング教授の京都大学で行われた講演での発言「現在膨張を続けている宇宙が収縮期に入ると、時間の向きは逆転する」を、小説の中で紹介している。

（※9）『月日の残像』

二〇一三年、新潮社刊：新潮文庫。季刊誌『考える人』で九年間連載されたエッセイを単行本化。著者の感受性、美意識を通して、思想にふれる。第一三回小林秀雄賞受賞。

（※10）『時は立ちどまらない』

東日本大震災に材をとったテレビドラマ。東北の海沿いに居を構える二つの家族の物語。二〇一四年二月二二日、テレビ朝日で放映される。

#「辺境」は、自分だった

石川直樹

石川直樹（いしかわ なおき）
1977年、東京都生まれ。2000年に北極から南極まで人力で踏破するPole to Poleプロジェクトに参加。翌2001年、世界七大陸最高峰の登頂に成功。辺境から都市まで地球上のあらゆる場所を旅しながら作品を発表し続けている。2020年、日本写真協会賞作家賞受賞。
著書に『この地球を受け継ぐ者へ』（講談社；完全版 ちくま文庫)、『全ての装備を知恵に置き換えること』（晶文社；集英社文庫)、『最後の冒険家』(集英社；集英社文庫、第6回開高健ノンフィクション賞受賞)、『地上に星座をつくる』（新潮社）など多数。写真集に、『ARCHIPELAGO』（集英社)、『CORONA』(青土社、第30回土門拳賞受賞)など多数がある。

小学生のとき、お父さんに連れられて多摩川に釣りに行った。釣れるポイントを探して、一人上流へ向かった。途中から、釣竿を置いて山頂を目指した。その山頂から眺めた風景に、石川少年は「世界のつながり」を見た。

多摩川はインドにつながり、山へ、海へ、空へ、世界の辺境の地に旅することになる。辺境を訪ねたつもりが、自分の中にこそ辺境があった。その道程をじっくり辿ってみたい。

行けばなんとかなる。ダメなら戻ればいい

——もうすぐ東日本大震災から五年目です（二〇一五年収録当時）。三月一一日のあのとき、東京の中目黒におられたのですね。『コトノネ』編集部も、中目黒なんですが。

石川　ベトナム料理屋で打ち合わせをしていました。ちょうど食べ終わったころにグラッときて。

——そのあと、すぐ被災地に向かわれて。現地の事情には明るかったのですか。

石川　行ったのは三日後、一四日でした。全くなんの情報もなく、テレビの映像を見たくらいでした。現地での情報収集は、地元の新聞やラジオが役立ちましたね。

——わたしなど、何かやらなきゃ、って思うけれど、一カ月間ほどはウロウロするだけで……。石川さんは、とりあえず、現場へ向かう。

石川　なんでもぼくは自分で見てみないとわからないと思っているので。本を読んだりテレビを見たり、インターネットで調べたりっていうことをしただけで、知っているつもりにならないようにしていて、とにかく現場に行って自分の目で確かめなければいけない、という思いが強いんです。

――現地ではガソリンも食べるものもない。すべて調達していくように、と言われましたか。

石川　でも、たとえば飛行機も満席で乗れないんじゃないか、と言われていたのに、空港に直接行けば飛行機にもすんなり乗れました。予約も何もせず、とりあえず羽田空港に行ったんです。レンタカーは予約でいっぱいでガソリンスタンドはすべて閉まっていると言われていましたが、青森で車も借りられました。ガソリンスタンドも、ちょこちょこ開いているところがありました。何ごとも、現地に行ってみないとわからないですよね。

――とにかく、自分で見る、というスタイルが徹底していますね。

石川　高校生ぐらいからずっとそうでした。自分のアンテナに引っかかったものは、自分で行ってみて確かめる。調べても調べても情報が出てこなかったり、いろいろムリかなって思うときの方が、じゃあ、自分で確かめに行こうという気持ちがより強くなります。

――なるほど。実際に被災地に行かれて、どんなことが印象に残ってますか？

石川　体育館などの避難場所では、やっぱりみんな落ち着いていないし、とにかく何かを探しているような感じでした。人、モノ、情報……。災害直後の混沌とした現場がそこにありました。ネットも通じず、情報源は新聞。皆にまわし読みされてボロボロになった地元紙がいまでも記憶に残っています。

――写真家として、写真を撮りに行かれたっていうわけではない。

石川　写真に残すなんて考えてなかったですね。自分の目でまずは見なきゃいけない、自分の身体を通じて今起きていることをしっかりと受け止めなくては何もはじまらないんじゃないか、ただそれだけでした。

――写真を撮って残さなくては、という写真家としての決意でもなく、その三月末にはヒマラヤ登山の遠征に出るための準備のことを気にかけることもなく、被災地に飛び出して行った。

石川　ヒマラヤに関しては準備はそんなに前からやらなくてもいいんですよ。ぼくは、旅行の延長として山に登っているだけなので、ダメなら戻ってくればいい。そんなに準備とかってことはなかったんですよね。

多摩川からインドへ。歩けば、見えてくる

――はじめて多摩川に釣りに行った思い出を『全ての装備を知恵に置き換えること』(※1)という本に書かれていますね。小学生のとき、お父さんに釣竿を買ってもらって、多摩川に釣りに出かけた。全然釣れなかったので、いいポイントを探して、一人で上流に歩き出したら、とうとう、山の頂まで行きたくなって、竿を捨てて登った。石川さんは、あの少年のままですか。

石川　そのまま根っこは変わっていないと思います。「ターニングポイントはどの旅か？」ってよく訊かれるんですけれど、もちろん大事な旅はいくつもありますが、自分がここで変わったっていう意識はあまりないんですよ。だから全然成長してないのかもしれない（笑）。ただ、モチベーションの部分は本当にずっと変わってないです。

――一人で怖さはなかった？

石川　ずっと前のことで忘れてしまいました。夜までに帰ったらいいかなって思ってたぐらいです。

――で、夜までには帰れたんですか。

石川　夕暮れぐらいになっちゃったと思いますけど、帰りましたよ（笑）。

――ご家族には怒られた？

石川　怒られた記憶はないですね。

――高校生のときのインド旅行も、多摩川と変わらない。

石川　そうですね。行ってくるよって。高校二年生の夏休み、ちょうど一カ月間くらいの旅で、インドはアメリカとかヨーロッパよりも圧倒的に物価が安かったし、アジアの路上に身を置いてみたいという一心で出かけました。

――不安はなかったんですか。

石川　英語も話せなかったけれど、そんなに不安はなかったです。ぼくは変化することをあまり厭わない。母親などは引っ越しとかしたくない、慣れた場所からなるべく一歩も出たくないって言うんですよ。世の中にはそんな人の方が多いのかもしれないですが、ぼくの場合は、常に新しいものと出会いたいという気持ちが強くて、不安や心配はあんまりないんですよね。

――じゃ悩んで、決断をする、という感じじゃない。

石川　まぁ、ちょっと行ってこようって、自然な感じですね。

――高校生が見たインドは？

石川　二〇年も前のインドですが、もう剥き出しの生です。何も隠されていない。

――開高健も「インドでは、路上に生も死もある」と言っています。日本では、生も死も、家の中、いや、家からも離れ、施設の中に隠されてますが。

石川　障害のある人、いろんな病気の人、下半身がない、腕がない、足がない、さまざまな民族、外国人、ホームレスや両性具有の人……。世界の在り方ってこういうことなんだなって、一七歳のときに少しですが身体で実感しました。「世界は多様だ」なんて一言で言われ

（※１）『全ての装備を知恵に置き換えること』
　二〇〇五年、晶文社刊：集英社文庫。世界七大陸の最高峰だけでなく、海、空、街など世界の僻地・辺境を歩いて旅した記録。

てもわからないですよね。でもインドに行ったとき、自分が常識だと思っているようなことは、いくつもある考え方の一つに過ぎないんだ、と思ったんです。

――そして、自分の生き方まで見えてきた。

石川　旅をしながら生きていくにはどうしたらいいんだろうと考えはじめました。写真家とか物書きみたいなものになると、会社に入らないで、旅をしながら生きていけるんじゃないかと思って。

本当の冒険家は、生きるために死ぬ道を選ぶ

――多摩川からインドへ。そして、二二歳のときに、北極から南極へ、人力踏破。二三歳で、七大陸の最高峰を制覇された。

石川　踏破という言葉は大袈裟でイヤですね。冒険のように言われるけれど、ほんとにただ、歩いて旅をしていただけで。ムリはしない。みんなやれないと思っているだけで、たいていのことはやれちゃいますよ。本気でやろうと思ったら。

――石川さんは、山、海だけでなく、空もありますね。熱気球に乗って太平洋横断。

石川　空の旅に興味があって、神田さん(※2)の誘いを受けたんです。

――空飛ぶクモ、バルーンスパイダー(※3)を見るのが、楽しみだった、と、『最後の冒険家(※4)』に書かれていますが、写真があるなら見てみたい。

石川　残念ながら、見てもいないし、写真もありません。絹のようなバルーンを尻から紡ぎ出して、高度一万メートルの上空をジェット気流に乗って太平洋を横断するクモ。実物を見たかったたんですが。

――高度八〇〇〇メートル以上の空に身を置くのは、どんな気分でした？

石川　気球は偏西風に乗ってしまえば、時速二〇〇キロのくらいの速度で進むんです。風と

（※2）神田道夫（かんだ　みちお）
熱気球の飛行によって数々の世界記録を打ち立てた冒険家。エベレストやK2越えといった冒険飛行に挑戦、西ヒマラヤや最高峰ナンガバルバット越えに成功。モンゴルフィエ・ディプロマ賞を日本人として初めて受賞。二〇〇〇年に植村直己冒険賞を受賞。〇四年、石川さんを副操縦士として、太平洋横断に挑むが、失敗。〇八年一月、単独で太平洋横断に挑戦するが、太平洋上で行方を絶った。石川さんの著書『最後の冒険家』に詳しい。

（※3）バルーンスパイダー
北アメリカに生息するクモ。数十匹で集まって、尻からした糸でフットボール状の森をつくり、内側に分泌したガスをためて、風に乗って飛ぶ。『全ての装備を知恵に置き換えること』の中の「雪送り山形」のエッセイでも、この習性「バルーニング」を持つクモが紹介されている。

（※4）『最後の冒険家』
二〇〇八年、集英社刊：集英社文庫。石川さんが、神田道夫さんと熱気球の太平洋縦断に挑戦し、太平洋上で着水した体験ルポルタージュを通して、冒険や冒険家として生きる意味を問いかける。第六回開高健ノンフィクション賞受賞。

一緒に進むので、もう無重力みたいで、ただ空に浮いている感じなのに、猛スピードで動いている。炎を出すバーナーのボーッて音だけしますけど、風の音とかは一切しないです。GPSの数値が変わっていくので、動いているんだなっていうのはわかるんですけど、上空にいるというリアリティはなかった。

――いまどこにいるのか、実感もない。実感できないのを、実感する。

石川　そうです、確認できるのは、GPSの数字だけです。でも、ガスボンベを変えたりしなくちゃいけないので、ゴンドラから首を出したり、ゴンドラの上に登ったりしなくちゃいけないんです。

――ゴンドラから偏西風に首を出すんですか？　足が震えますね。

石川　足は震えないですけど、怖さは間近に迫ってきますよ。

――うれしいなあ、石川さんから怖いって言うのを聞けて。それじゃ止めようとはならないんですか。

石川　ほんとに怖かったら止めますけど、本当に怖いっていうことじゃないかなって。

――じゃ、いままでほんとに怖いのはなかったんですね。

石川　一回目はよくわかってなかったのかもしれません。そこで失敗して、ほんとに怖い思いをした。二回目も熱気球の太平洋横断に誘われましたが、そのときは本当に怖かったので、やめました。

――遭難しましたからね。

石川　神田さんは、本当の意味での冒険家で、肉を切らせて、骨を断つことができた人だったんですよ。ぼくはできない。肉切られたら、痛いんで。肉を切らせても、骨を断てる人がほんとの冒険家になれて、ぼくは肉切られるところまで行く前に戻りますからね。

――神田さんのことを、最後の冒険家っておっしゃってますよね。それは人としてもそうだし、未知の地球を発見するという意味でも、ですね。

石川　冒険家は、生きるべくして死ぬ道を選べる人だと思っています。植村直己さん(※5)や神田さんは、自分が傷ついても傷ついても進んで行く。そんな意志のある冒険家はなかなかいないし、またそうしてまで行かなきゃいけない未知の場所っていうのがいまは見つけにくくなっちゃいましたから。地理的な冒険っていうのは、ほとんど不可能になっている。

――それは、「前人未到の場所はないけれど、誰も見たことのない世界を写真に撮ることはできる」との思いにつながる。そして、撮るだけでなく、書くという行為に。石川さんの旅は、辺境にしか

(※5)　植村直己(うえむら　なおみ)
日本を代表する世界的冒険家。日本人初の最高峰エベレスト登頂、世界初の五大陸最高峰登頂の達成、北極で単独犬ソリ走破など、数々の偉業を成し遂げた。一九八四年マッキンリーで消息を絶つ。国民栄誉賞受賞。

ない発見にあふれていますね。南極では、数時間ごとに年明けを祝ったり……。

石川　南極は世界で唯一どこの国にも属さない大陸ですよね。南極点にあるアムンゼン・スコット基地はアメリカ時間だったし、ぼくたちの拠点は、現地チリのプンタアレナスの時間で毎日を過ごしていた。さらに日本時間も忘れられない。だから、新年は数時間ごとに仲間と抱き合って二一世紀の幕開けを祝いました。

「辺境」で知る、多様な豊かさ

——でも、これだけ数々の辺境を歩かれて、さまざまな生き物や人やその暮らしを見てこられて、結局、「本当の辺境は自分の中にあるのかもしれない」という考えになった。あの混迷と騒乱のアフガニスタンで。

石川　アフガニスタンは、仏像破壊とテロ事件によって、世界に見捨てられそうになった国です。でも、旅先で出会ったアフガニスタンの人びとは、底なしにやさしい人たちで、旅人に、こんなに友好的に接してくれる人たちはあまり会ったことがない。夜、空を見上げると、頭上にいままで見たどこの夜空よりも、明るい空があった。その明るさは、月光ではなく、無数の星が発光しているかのように輝いていたからです。こういう星々をなくした都市が「中央」で、この夜空を持つアフガニスタンが「辺境」なんて、とてもじゃないが決めつけられない。

――アフガニスタンのその夜空を「天の川の色はことさら濃く光り、星の川の流れにのって揺れているようにも見えた」と書かれていましたね。うっとりしました。

石川　ぼくが旅をしてきた場所は、「中央」で暮らしていると思っている人には、確かに「辺境」かもしれない。でも、北極でもミクロネシアでも、そこで暮らす人たちは、生き生きと暮らしている。北極なんて寒いところによく住んでいるな、なんて、思う人は多いと思うんですけど、海では魚も、獣もとれるし、食には困らない。そんなにみんなが思うほど厳しい場所じゃないって、サラッと現地の男の人が言っていました。実は、すごく豊かな場所だと。そういうのを聞いていくうちに、自分たちが「辺境」っていう幻想をつくり出しているだけで、人の数だけ「中心」があるだけなんじゃないかっていうことをよく思いますね。

――便利さ、快適さ、そのための経済的豊かさを指標にすると、われわれが「中央」で、北極が「辺境」と思いがちですが、いや、北極でもおいしく食事してるぞ、と言われたら……。

石川　街で生きている人は、自分を変えるんじゃなくて、まわりを変えようとするんですよね。寒かったら暖房を入れて暖かくする、暑かったら冷房を入れて涼しくしようとしますけど、いわゆる辺境といわれる場所で住んでいる人は、まわりを変えていくことができないから、自分を変えていくわけです。高所で生きる人は自分の体を変化させて「高所順応」していく。知恵を編み出して、自分自身をどんどん変えていきながら、より自由になっていく。それをぼくはいいなぁ、かっこいいなぁと思うんです。

――自分は変わらない、まわりを変えることが、クリエイティブで、豊か。そのシアワセ感の中で、わたしたちは生きてきた。

石川　人や暮らし方に、「中央」も「辺境」もない。世界を歩いて、人に接したら、自然とわかります。自分を変える方が、クリエイティブな生き方だと思えるようになればいい。

――石川さんの本のタイトル通り、「全ての装備を知恵に置き換えること」が大切で、反対に、われわれは、知恵を装備に置き換えることが文化的な生き方だと思ってきた。自分を変えるクリエイティブな生き方こそ、豊かな暮らしかもしれませんね。

トイレットペーパーの芯に、「ヤンバルの森」が宿る

照屋勇賢

照屋勇賢（てるや ゆうけん）
1973年、沖縄県生まれ。ニューヨークとベルリンを拠点に世界で活躍する現代美術家。1996年、多摩美術大学油絵科卒業。2001年、ニューヨークのスクール・オブ・ビジュアル・アーツ修士課程修了後、ニューヨークを拠点に、世界各地の展覧会に参加。2002年、オールドリッチ現代美術館にて新人賞受賞。2005年、ニューヨーク、PS1にて「Greater New York 2005」、「横浜トリエンナーレ」等で注目を集め、日本を代表するアーティストとして評価を高めている。

トイレットペーパーの芯からキツツキが出てきたり、沖縄の伝統工芸の紅型の柄に、オスプレイやパラシュート部隊と、四季の自然の彩が同居している。敵対する世界が、一つに溶け合って美しい。

異質なものを飲み込む、照屋勇賢さんの芸術の力は、どこからくるのだろうか。

ノグチゲラに小さな魔法をかける

――今年は、戦後七〇年、沖縄返還(※1)から四四年目です(二〇一五年時点)。照屋さんは、返還の翌年一九七三年の生まれですが、占領時代につながるような記憶はありますか。

照屋　そのように聞かれると、トタン葺きの建物が並んでいて、いまよりはずっと空の部分が大きかった風景が浮かんできました。そんなガランとした通りっていうのは、自分でつくってしまった記憶なのかもしれないですけど……。

――戦後三〇年以上経っていたのに、まだバラックがあった。

照屋　もしかしたら、バラックが風景の中で異質だったから、印象に残ったのかもしれない

(※1)　沖縄返還
一九七二年(昭和四七年)五月一五日に、沖縄(琉球諸島および大東諸島)の施政権がアメリカ合衆国から日本に返還されたことを言う。日本の法令用語では「沖縄復帰」とも言う。

ですけど……。

——虫遊びが大好きな子どもだったんですね。

照屋　自然がありましたから。降りられる川もあったし、畑もまだ多かった。バッタとかカエル、オタマジャクシとかに触れられる機会が、いまの小学生よりは多かった。

——学生の時、友人の家でトイレットペーパーの芯が幹になり、そこから沖縄の県鳥ノグチゲラ(※2)が浮かんでつくられたということですが、すぐ姿が思い浮かぶほど記憶が鮮明だった。

照屋　「Corner Forest」という作品のことですね。キツツキ科のノグチゲラは、ヤンバルクイナ(※3)と同じように沖縄では誰もが知っている鳥です。九〇年代後半、ヤンバル(※4)の林道開発問題が起こって、ぼくの母親は、林道の自然を守るグループに参加していました。それで、ぼくも母親に何度も連れられて行ったので、ヤンバルの動物が出てきたのでしょう。

——友達にいたずら心は、通じましたか。

照屋　驚いたと思います。ぼく自身も驚きました（笑）。はじめて小っちゃな魔法を使えたような気持ちになるくらい。トイレットペーパーの芯の小さなチューブが、木の幹に見える瞬間がとっても重要な経験でした。なんでもない日用品と森をつなげることができて、ほかにも何かできるんじゃないかという期待につながりました。

見捨てられた紙を木の枝に戻す

――わたし、まだ写真でしか見てなくて、とても残念なんですが、あの作品が照屋さんの出発点になった。

照屋　そうです。日常品に切り込みを少し加えるというジェスチャーのはじまりだと思います。

――トイレットペーパーもその芯も、木からできていると気付かせてくれる。でも、トイレットペーパーの存在は十分意識しているが、芯は見ていない。存在感がない。その芯が、「わたしも木だったのですよ、もし、また土に戻してくれれば、新しい命を育むかもしれない」。なのに、芯は見向きもされずに捨てられる。ただのゴミになる。芯から、ヤンバルの森が立ち上がるようでした。

（※2）ノグチゲラ
沖縄の県鳥。沖縄島北部、ヤンバル（※4参照）と呼ばれる地域に生息する固有種。鳥綱キツツキ科ノグチゲラ属の鳥類。

（※3）ヤンバルクイナ
ヤンバルの森で発見され、一九八一年に新種として登録された。国の天然記念物。

（※4）ヤンバル
山原と表記。沖縄県沖縄本島北部の広大な山や森林地帯を指す。沖縄の自然を代表する地域。

照屋　そうなんです。複雑な枝を切り込んでいくうちに、たまに紙自体の力で枝はちゃんとしなる。その時、紙の中にまだ残っている木の力を、できるだけ起こしてあげたい、導くことができたらいいなと思います。簡単じゃないですけど。

――木を模すのではなく、紙が木そのものになる。

照屋　ええ。その時に生まれた発想が、それからの作品でも生かされています。

トイレットペーパーの芯の作品も、ほかの紙袋の作品と同じように、実際の枝を写真に撮って、その写真を見ながら実在する枝を再現しています。自分の背中を幹につけて少しずつ回る。そのたびに、そこから見上げる枝を三六〇度写真に撮る。その枝の記録をベースに鉛筆で描いて、木や芽など実在するものを再現しようとする方が、モチベーションも持つことができて、イメージに近づけることができます。

――トイレットペーパーの芯を、本当に枝に戻そうとしている。

照屋　そうですね。枝なんかつくれないと思ってたんですけど、実際切りはじめると、細い切り込みでも紙はもってくれてる。みなさんは「デリケートな作品」とか言って触るのを怖がるんですけど、もともとトイレットペーパーの芯なんで、丈夫にできてる（笑）。切り抜いたところは確かに弱く見えるかもしれないけど、たとえば「Notice-Forest（告知－森）」という作品に使用したハンバーガーショップの袋だってハンバーガーとかフレンチフライLとか入って、なおかつ振り回しているのに、袋で木をつくった途端、みんな怖がって触らない。

意外と丈夫なんですよ（笑）。それはつくっている過程で感じます。

種の中に、すでに成熟した木のイメージがあるならば

——僕は上原さん（※5）のところでハンバーガーショップの作品の現物をはじめて見させていただいたんですけど、きれいですね。いつの作品ですか。

照屋　一九九九年です。ニューヨークに来た時にたくさんの紙袋を見て衝撃を受けたんです。アメリカの大量生産社会を見せつけられたようで。貧乏学生だったんでファストフードや安いデリでサンドイッチを買って、紙袋がどんどん溜まる。ある時、トイレットペーパーの芯のキツツキを思い出して、袋の中の空っぽの空間に魅力を感じはじめた。この空間の中に木を戻すことはできないかって。

それに、高校生のころから、ずっと忘れられない考えがあって。確かアリストテレスの自然観だったと思うんですが、「種の中に成熟した木になるというイメージが存在している」と言っていることと結びつきました。じゃあ、この目の前にある紙袋には、木のイメージは

（※5）上原さん
上原誠勇（うえはら　せいゆう）さん。画廊沖縄の代表で、翁長直樹さん（※7参照）とともに沖縄の美術活動をけん引し、照屋勇賢さんを引き立てた人。画廊沖縄は照屋さんの作品二点を所蔵。

消えてしまったのか、まだ袋の中に残っているのか。アリストテレスの自然観の延長をつくってみよう、袋の中に種の持っていたビジョンを取り戻そうと思ったんです。

――袋の中の空洞を見つめながら考えた。

照屋　トイレットペーパーの芯の作品で得た実感も後押しをしてくれたとは思うんですけど。

――誰も見向きもしない大量生産の紙袋の中に、木の命を見つける。捨てられたものから、新しい命を呼び起こす。命として生まれたものは、姿を変えても消えない、循環している。あり得ないものだが、あり得る世界に反転していくんですね。

照屋　それはすごく重要だと思いますね。紙は木の記憶であったり、もっと大きな世界観をそこに感じることができるような気がしています。それに迫るプロセス自体が、いろんな答えを導くツールになるんだろうと思っています。

一〇年もつくっているといろいろ発見があります。最初は実在の木の写真を元につくるので、似せることで精一杯だったんですが、ある日その切り込みでできた枝が、葉っぱを持ち上げるような瞬間があった。それがぼくの中では作品として完成に近いサインになりました。写真と似たシルエットにするところから、そうじゃなくて、紙の中の木自体の力に目覚める瞬間が大切なんだと思った。でも、それをどうつくるのかっていうのはわからなかった。それで最近気づいたのは「テンション」だな、緊張感だなと。紙同士の引っ張り合い、戻ろうとする紙を戻らせないようにする。そうすると「テンション」が生まれる。あれが実際の木でもあるんじゃないかと。重いリンゴの実を枝はどうやって支えているのかって、ずっと不思議だったんですけど、あれはおそらく根っこがすごい引っ張ってる。それを実際紙の中でつくりあげる。しまいには紙全体に「テンション」を与えることで一種のエネルギーを満たす。そうすることで、ふだん見ているんだけど意識していない、木の張りっていうのを、紙の中でつくることができるんだなって。

紙袋の中が、木陰の日差しで満ちる

――まさに、紙は木だ！

照屋　もともと木が持っていた繊維の筋肉の力、機能は、紙の中にある。もちろん自発的にその力を持つことはないんですけど、意図的に外から力を加え、強さというのを少しだけ再現することで、小さな木が力を入れたようにちょっとだけ上に上がる瞬間がある。そのちょっとした瞬間を感じる。決して見せることはできないけれど。紙の中の見えない「テンション」を、作品をつくる過程で加えることができたのは、単純な作業なんですけど、新しく素材のことを知ることができるきっかけになりました。

――紙は命だ。

照屋　そうですね、紙そのものが命であり、木そのものが存在しているって言えるのではないか。袋の中で光がやわらかく見えるのも、もちろんやわらかい光を紙袋の中につくっているからなんですけど、あの光も木陰といっしょだと思うんです。葉っぱのレイヤーが日の光をやわらかくした結果、あの木陰が生まれてくる。ぼくたちが普段経験していることを、紙の中で確認しているんじゃないか、と思うんです。

――わたしたちも、そういう力を見抜く感性を磨かなければいけない。

照屋　いや、すでに持っているはずです。あのトイレットペーパーの芯の展示をした時に、母親が「こっち不自然だよね」って言ったんです。「ぼくも不自然だと思う」って言って。「なんでわかったのかな?」と思った。母親に限らず、みんな枝ってずっと見てきているから、枝のあるべきバランスっていうのは自分のなかに持っていて、それが崩れると自然に違和感を覚えるんですよ。

異質なものを包み込み、新しい物語を生む紅型

――お母さんはヤンバルの森にずっと行かれてたから、その感性がまだあって、もうわれわれには消えてしまってる。

照屋　確かに意識をする工夫は必要かもしれない。その刺激を与えることが、アートの役割かもしれません。

――佐喜眞美術館(※6)で見た「結い、You-I」も驚きでしたね。芭蕉布の紅型染め、沖縄の伝統技術の結晶のような作品です。見とれて近づいて行って、目を凝らすと、あれっ、なんだか、おかしいよう

な気がしてくる。鳥や花など四季の彩の中に、パラシュート部隊がいる、オスプレイは飛んでいる。それを知っても、美しい。対立するもの、相容れないものが同居しても、紅型の美しさは壊れない。むしろ、紅型の中に包み込まれていました。なぜなのか、と思って動けなくなりました。照屋さんの恩師の翁長さん(※7)がおっしゃる「照屋さんの芸術の両義性」とも感じましたが。

照屋 あの作品は、紅型が持っている伝統へのぼくなりの敬意の表現です。伝統の柄が持つリズムを壊さないことを心がけました。紅型には季節感がない。いろんな季節のものが一つになっている。それはある種いろんな状況を、一つのリズムで受け入れていく態度の表れでもある。それこそが紅型の力だと思うんです。

——政治に矮小化されない美しさ、強さを感じました。というよりも、いまの時間を、もっと長い

(※6) 佐喜眞美術館
沖縄県宜野湾市にある私設美術館。一九九四年に、一部返還された普天間基地跡に建設された。

(※7) 翁長さん
翁長直樹(おなが なおき)さん。沖縄県立美術館の創立に関わり、副館長を務めていた。照屋勇賢さんの高校時代の美術教師として大きな影響を与える。

(※8) 9・11
二〇〇一年九月一一日に発生した、アメリカ同時多発テロ事件。航空機がニューヨークの世界貿易センタービルに突入し破壊するなどの四つのテロ事件の総称。この報復として、アメリカはアフガニスタン紛争、イラク戦争を開始。

永遠の時間が包み込む感じという方がいいかもしれません。それは、沖縄の持つ生命観でもあるのではないでしょうか。

照屋　オスプレイもいれば蝶々もいるんだけど、オスプレイより蝶々が大きいかもしれない。柄の上では力加減がどんどん変わっていく。だから、紅型では違う物語がつくれるのです。

9・11が教えてくれたムダな人間の居場所

——それほどのご自分の世界を持ちながらも、9・11[※8]の大きなショックで、アーティストにやることはない、無駄な存在だと思われたのですね。

照屋　当時はブロードウェイから人がいなくなったんです。役者も音楽家も急に仕事を失って、劇場も閉鎖するという話がありました。でも、いまは人が戻ってむしろ増えています。基本的な対策ができる中で見落とされるムダな部分。優先でない部分をつくってあげる人の存在が絶対必要だなと。それがアーティストの役割に近いことではないか。命を救うために駆けつけられないが、人として立ち直ろうとする時、役に立たないと思われていた人の出番かもしれない、と気づいたのです。

——生き残った人に、「がんばろう」と言うより、うちから元気を取り戻させる力がアートにはあるんでしょう。ムダな存在に感謝です。

3
生きものから考える人間

脳のない粘菌が迷路を解く

中垣俊之

中垣俊之（なかがき としゆき）
1963年、愛知県生まれ。北海道大学電子科学研究所教授。粘菌をはじめ、単細胞生物の知性を研究する。北海道大学電子科学研究所准教授、公立はこだて未来大学システム情報科学部複雑系知能学科教授を経て、現職。粘菌の知性の研究によって、2008年、2010年の二度にわたってイグノーベル賞を受賞。著書に『粘菌』（PHPサイエンス・ワールド新書）、『粘菌』（文春新書）、『かしこい単細胞 粘菌』（福音館書店）など。

中垣さんの著書『粘菌――その驚くべき知性(※1)』には、「粘菌は、原形質と呼ばれる物質の固まりである」とあった。

物質が生き物であることだけでも驚きだった。しかも、脳はおろか、細胞同士をつなぐ神経系もない、単細胞のアメーバ状生物なのに、迷路を解く知性があることを、中垣さんは実験で示した。その結果、イグノーベル賞(※2)にも輝いた。

単細胞に知性があるなら、人間の立場がない。聞かなくては。とことん、人間の傲慢さを思い知らせてもらおう。

（※1）『粘菌――その驚くべき知性』
　二〇一〇年、ＰＨＰサイエンス・ワールド新書。「知性とは発達した大脳皮質をもつ生きものだけが持てるものである」。この常識に日本人研究者が「待った！」をかけた。脳はおろか、細胞同士をつなぐ神経系もない、単細胞でアメーバ状生物の粘菌が迷路で最短ルートを示した。時間の記憶を持つ知性とは何か、意識とは何か、身体とはなんなのか、大きな波紋を投げかける一冊。

（※2）イグノーベル賞
　一九九一年に創設された、世界中のさまざまな分野の研究の中から「人びとを笑わせ、そして考えさせる業績」に対して贈られる。ノーベル賞のパロディの賞。

大学四年から「ねんきん」生活

——先生は、粘菌の研究者ですよね。粘菌はアメーバ状生物ですから、肩書は生物学者でいいのですか。

中垣 考えたことがないですね。そもそも肩書きがいるんですか。あえて言うなら、「ねんきん生活者」としてください（笑）。

——その名前をいただきます（笑）。ねんきん（粘菌）暮らしに入られたのは、いつごろからですか。

中垣 大学の四年生です。薬学部で粘菌をやっている研究室に入って出会いました。変な生き物だけど、ちゃんと生きてるんだ、と興味がわきました。

——生物らしくないところに魅かれた。

中垣 生き物というより、まるでマヨネーズを伸ばしたみたい。カビのようにも見えました。ただ、細胞の中には血管のような活発な流れが見える。一分間隔ぐらいで脈動し、一時間に二センチくらい塊となって動いていく。とてもビビッドでした。

——流れてるのが見えるのですね。

中垣 血管みたいなところを切ると、ワーッと液が噴き出してきます。

——これは、おもしろいなあと。

中垣　そうですね。ただ、研究室では、ぼく以上に気持ちの入っている人がいましたが。

――嫌らしいことをお聞きしますが、粘菌の研究で、将来の仕事につながるのか、教授になれるのか、とかはお考えにならなかったのですか。

中垣　学者に憧れはありましたが、それは優秀な人のやる仕事だ、と思っていました。大学では美術クラブに熱中しすぎて、それがもとで留年になるほどで……。でも、芸術家になれるわけもない。ただ、何か表現するというのが、好きだったんですね。

　科学研究は誰がやっても同じようなものになるっていうわけではなくて、ぼくはこういうふうに物事を見るっていう立場表明みたいなものが現れる。客観的なだけではなく、科学研究も一つの創作なんです。もちろん捏造するという意味ではなく、自己表現でもあることに気づいて、おもしろくなりました。逆にいうと、そういうニュアンスの入らない、科学研究っていうのは、ぼくにとってあまり魅力がないんです。

――先生にとって、科学研究もアートだったわけですね。

中垣　そうですね。だけど、先輩とか先生を見ていると、非常に優秀なんです。憧れるけれど、博士課程進学は差し控え、修士課程を終えて、製薬会社に就職しました。

粘菌研究はアートです

――薬学部を出て、とても自然なコースですね。で、また粘菌の元に戻ってきたのは？

中垣　三〇歳を過ぎたころです。自由な、アートな世界を生きてみようと思い直して、博士課程に入りました。多少の蓄えはあったので、博士課程三年間は自分のやりたいことをやってみよう。そのあと二年くらいは外国で経験をしてみよう。それで、もう本望だ、と決めました。その五年間を終えれば、後はどうなろうといい。生きるために、仕事も何も選ばない、俺がやれることはなんでもやる。その方がきっと、楽しく生きられる。まあ、そういうふうに言い聞かせて、いまに至るという感じですね。

――じゃあ、三一歳から本格的な「ねんきん」暮らしですね（笑）。粘菌に迷路を解かそうという発想は、どうして思いつかれたのですか。

中垣　粘菌を桶で飼っていまして、毎日、世話をしていました。動いた後は排泄物で汚れているので新しい桶に移し変えたり……。

――単細胞でも排泄する？

中垣　はい、生きているので排泄します（笑）。汚れたら、粘菌の塊を切り取ってきれいなところに移してあげる。きれいにした後は、餌のオートミールをたくさん撒きます。土日も盆も正月も休みなく世話に来なければいけないんです。

――二、三日まとめて、とはいかない？

中垣　正直言うと、学生のころはそんなこともありました（笑）。面倒くさいときは、ぞんざいに餌をあっちこっちバラ撒いてしまう。すると、散らばった餌を、粘菌は管を伸ばしてうまくつないでいたんです。あるとき、どうしてこんなつなぎ方をするのだろう、どんな意味があるのかなって思ったわけです。

――発見の一瞬ですね。それはズボラな行為が生んだ。

中垣　餌を二カ所に分けて置くと、それぞれの餌に集まるのですが、その間になるべく短い経路で管をつくる。粘菌は、短い経路を選択しているんです。ああ、彼らにとって長さっていうのは、ちゃんと大事なことになってて、それを識別しているなっていうことがわかってきました。じゃあ、もうちょっと複雑なかたちにしてみようということで、迷路にして実験しました。

――脳みそのない粘菌が、最短ルートを見つけ出すなんて、驚きですね。粘菌は細胞一つでも粘菌ですね。

中垣　そうです。ただ、核がたくさんあるんですね。普通の細胞は核一つなんですけど、粘菌は一〇時間に一回核が分裂していくのに、細胞は分裂しない。それで一個の大きな細胞の中にたくさん核があるっていう感じで。本当の意味では単細胞と多細胞の中間みたいなものなんですね。

――アリは一匹じゃなくて、巣全体のアリで一つの生命体と言われます。社会性生物とも言われますが。粘菌もそうなんですか？

中垣　粘菌の場合は、小さく切っても、小さい塊として生きていけるので、そういう意味では一匹として独立して生きていけるものが一つに溶け合って、大きい一つのシステムをつくっている。おっしゃったように、アリの社会性ってことと似ているかもしれませんね。

助けてコールで呼び合う粘菌

――でも、アリは一匹では生きていけないですよね。粘菌は単細胞で生きていけるのですか?

中垣　粘菌は胞子を出して生殖することによって子孫をつくるのですが、そのためにはたくさんの細胞が集まらなければできません。胞子がなる小さい木、一ミリくらいの、子どもが実る体って書いて、「子実体」(※3)というのですが。胞子がなる小さい木、一ミリくらいの、子どもが実る体って書いて、「子実体」というのですが。房とそれを支える柄でできています。房の中にできたたくさんの胞子が飛んで子孫を残しますが、柄になった部分の細胞核は、そのまま死んでしまう。

――柄になる粘菌細胞は子孫を残せない。生殖できない働きアリと同じですね。すると、粘菌も、一つの細胞だけでは自立ができない。一つの塊になるには、どうやって仲間を呼び集めるのですか。

中垣　まだ、よくわかっていません。わたしの使っている粘菌とは違いますが、細胞性粘菌というのは、餌がなくなって、飢餓状態になってくると、ある化学物質を出すんです。仲間を呼び寄せる物質です。その物質を受けた細胞も同じ物質をバッと出す。お腹すいた、助けてって誰か小さい声で叫んだとすると、周りにいる奴が寄ってきつつ、助けて助けてって二回叫ぶみたいに。そうやって全体として助けてコールが、ウワーッと広がっていきます。

――餌のオートミールの場所は、匂いで感じる。

中垣　オートミールは、接触しないとわからないみたいですね。匂いのするもので、好きなものがあれば、かぎ分けてやってきます。キニーネ(※4)は嫌いらしくて逃げました。このように揮発性物質で実験すると、嗅覚があるのがはっきりわかりました。

――じゃ、匂いのない餌の見つけ方は。

中垣　最初はワーッといろんな方向に足を伸ばして探します。そのときにもいろんな戦略があると思いますけど。

――なんか、状況を大づかみにして動き出す。勘を働かせているようです。

中垣　全方向探索ですね。たとえば一ミリ間隔に枝を伸ばしていくと、見落とす可能性は少ない。けれど、遠くまでは探せない。じゃあ、一センチくらいの幅で枝を伸ばすと、多少見

（※3）　子実体

菌類の菌糸が集まり、ときには分化が起こって、胞子（分生子など無性生殖による）、子嚢、担子器などを生じる器官となったもの。普通のカビでは子実体は顕微鏡で見るほどの大きさであるが、巨大になったものとしては担子菌類のキノコがある。

（※4）　キニーネ

南アメリカのアンデス地方原産、現在インドネシアで栽培されているアカネ科のキナノキの樹皮から抽出するマラリアの特効薬。白色粉末で、苦い。

落とすリスクがあるかもしれないが、より広い範囲を探れる。適当な雑さでなるべく広く見るような戦略を取っているように思います。キチンと検証はできていませんが、見ていると、そんな気がします。

――われわれ人間の仕事も、論理を積み上げていくと、世界が狭くなっていくんですよね。なんとなく、この辺かなと、大づかみにイメージを浮かべて進めるのが、大切なように思うんですが。

中垣　すごく大事ですね。そんな知的な感受性を頼りに、ぼくの仕事も成り立っています。最初に無意識のレベルで理解が進むっていうことが、必須です。そのためには、情報だけではダメなんですよ。本物に接しなければ。時間を共有すると理解が進む。その後で言葉にする、ロジックにするという作業がぼくの場合は出てくるんです。言葉を急がない、まず、見ることです。

問いの中に答えがある

――いまのお話を聞いて思い出したんですが、ぼくらが現実と思って見ているのは、脳にある既知のイメージを見ている。自分の好きなもの、関心のあるものしか見ていない、と言いますね。既知の世界をはみ出して見ることがとても大切なんですね。

中垣　脳は意識できているところで、意識されてる。言い換えれば、自意識ですが、そこだけが脳のすべてだと思いがちです。だから、意識しないことはなかなか見えない。だけど、無意識のところも同時に動いていているはずです。

――情報ではなく、現実から無意識の世界が発見してくれる。

中垣　そうです。研究生や学生さんには、仮説や常識にこだわらないで出来事を素直に見る。別の視点で見てみる。そうして、知的感受性を自分でつくっていってほしいと思っています。

――研究室には、粘菌に深くはまっている人も、優秀な人もたくさんいた。粘菌に雑な餌を撒いた人もいた。同じ世界が誰もの目の前にあった。でも、それをなんやこれは、というふうに思うかどうかの違い……。

中垣　なんやこれはって言ったときに、その問いの中に、答えがもう半分くらいあるわけです。なんや、の問いの中に、もう何かそうじゃないものを想定しているわけですよ。曖昧模糊としているけれど。あとは言葉にしていく作業ですね。

――その問いは、いままでの世界を壊す快感、言葉にすることは、新しい世界へ抜け出す快感がある。

中垣　そうですね。見方を変えるっていうのは、破壊に一脈通じてる。

――最初、著書を知って、「粘菌ごときに、知性があるか」。敵意に近い感情を持ちました（笑）。バカにされてたまるか、との思いもありましたが、これは、壊される快感だったのですね。じゃあ、粘菌に話を戻させていただいて、粘菌は、手も足もないのに、どうして動くのですか。

中垣　細胞が脈動してるんです。一分に一回くらい伸びたり縮んだりしてですね。それでたとえば一〇行って七戻るみたいなことをして、少しずつ一方向へ移動する。

――動いているときに、いっせいに号令がかかるんですか？　リーダーがいるとか。

中垣　リーダーはいません。みんな集まって、手をつないで、なんとなくあっちの方へ行く感じですね。つながっているので、真ん中の人はなかなか動けない。はしっこの人がこっちに行きたい、あっちに行きたいって引っ張り合いしてますけども、たまたま北に行く人が多くてですね、北にちょっと動いたとするとそれに引っ張られて、みんながドンドン動いたりするのもありえます。

生き残りをかけた駆け引き

――たとえば先頭の奴が、お前トロいから、後ろの奴が代わるとか……。
中垣　それはありますよ。先端は危険なんですよ。だって新しい環境に突進していくので。行ったはいいけど、食べられちゃうかもしれない。毒にぶつかるかもしれない。何があるかわからないわけですね。だから、先端部は、果敢に先導するとも言えるし、生贄にされているとも言える。
――え、ほんとに？（笑）
中垣　先端部分がギュッと押し出されていくので、先端部分では常に細胞が少し壊れているんですよ。人間社会と同じように、先陣を切って英雄のように前に出ることもあるし、歩兵が行かされて、司令官は待っているみたいな、両方の見方があり得る。

――粘菌くんも、命をかけた駆け引きをしているんですね。

中垣　はい。だから先端部分はおもしろいですね。生贄かもしれないし、リーダーかもしれない。どっちの面もある。

――この集団は餌をとるのが苦手やと思ったときに抜けたりすることは。

中垣　それがね、あるんですよ。塊が分かれることもあります。たとえば一つの餌場所があって、両方に広がっていられなくなると、片方どっちかを選んで集中して、片方の餌を捨てる。二つに分裂することもある。ほんとうに融通無碍です。

――賢明ですね。でも真ん中にいるものは悩みそうですね。どっちに行こうかと。

中垣　大きいと非常にいいこともあって、餌を見つけやすい。バクテリアや微生物と戦いながら生きているので、大きければ勝てる。もっと劇的なのは、乾燥に強くなることですね。粘菌は乾燥にとても弱い。カラカラの空気のところに三〇分間出すと、大きい奴だとほとんど死んでも、一部は生き残る。小さな塊に切ると、全滅します。

――どうして?

中垣　水分などが限られてるので、一部分だけでも生き残れるようにするのでしょうね。

――いや、すごい知恵が。生きるに十分な……。

中垣　生きてます（笑）。

脳のない生き物の知恵

――そんな賢い粘菌なら、社会に生かしたい。

中垣　粘菌だけでなく、脳のない生き物が持っている知恵の活用です。人工知能とは違って、自然知能[※5]とわたしは呼んでいますが。たとえば新幹線に乗ろうとして、自販機で切符を買うとき選択の順番が決まっていますよね。乗車日時、席など……。はい、いいえ、で進めていく。でも、優先順位は明確でないこともある。少し時間がかかっても、窓際の席がいい、うまい昼食が取れるところで途中下車したいとか、さまざまな思いが微妙なバランスで混在している。そのアルゴリズムを、粘菌の探索経路で解けないか、と思っているんです。カーナビだって、粘菌方式を使うと人間が経路を選ぶ方式と似ている案を出してくれるので、マッチングがいいと思うんですよね。人間が無意識で行うことをアルゴリズム化するには、自然知能の見方が役立つのではないかと思ってます。

――いまは、人件費削減、効率化のために、「人工知能」によるシステムに合わせて、人が行動している。「人工知能」のアルゴリズムにならされたぼくたちは、最後には、自分の頭そのものが「人工知能」になるのかもしれない。

中垣　そう、いまぼくたちが機械に合わせようとしている。すごい苦労して合わせるわけですよね。でも自然知能的なものがもうちょっと入ってくると、向こうからも合わせてきてくれるっていうことがあるわけですよね。きっとね。それぐらい大志を抱いてやってるんですけどね。

——それは、イグノーベル賞を超えますね。しかし、その大志も、散らかった餌を求める粘菌に目を止めたことからはじまったわけですね。

中垣 そうです、ぼくの発見は、現実の中にあった。現物を観るところからはじまったのです。イグノーベル賞を超えるというよりは、その真の姿が現れてくるのだと思います。

（※5） 自然知能

まだ、定説はない。中垣先生の説明によると「人が無意識的に行っている知的な作業、たとえば野球のフライボールを追っかけていって捕球する動作とか、歩く後ろ姿から個人を特定することなどは、自分自身どのような方法でできているのか判然としない。このような無意識の情報処理は、進化の過程で、単純な生物からヒトへと段階的に発達して受け継がれてきたとも思われるので、それらを自然知能と呼んで改めてスポットライトをあてようとする見方」。

弱い雑草の「戦わない強さ」

稲垣栄洋

稲垣栄洋（いながき ひでひろ）
1968年、静岡県生まれ。静岡大学学術院農学領域教授。農学博士。専門は雑草生態学。岡山大学大学院農学研究科修了後、農林水産省に入省、静岡県農林技術研究所上席研究員などを経て現職に。著書に、『雑草は踏まれても諦めない』(中公新書ラクレ)、『植物の不思議な生き方』(朝日文庫)、『身近な虫たちの華麗な生きかた』(ちくま文庫)、『身近な野の草 日本のこころ』（ちくま文庫)、『大事なことは植物が教えてくれる』（マガジンハウス）など多数。

人間ってあまいなあ。

ちょっと成功したら、そのパターンをなぞる。効率的だと言って多様性をなくしていく。親がしっかりしていれば、その後をついていく。

ほんとうに、それでいいのか。雑草は、競争相手が苦手な生き場所を見つける。親からも遠く離れる。

それにご存知ですか。いまわたしたちがおいしく食べているおコメが、一万年前に突然変異で生まれたコメだということを。

いわば、障害米なんですよ。世界は不思議の宝庫です。

人が刈るから。雑草は生きていける

――雑草(※1)って身近だけれど、名前も知らなくていい草、知る値打ちのない草のようなイメージです。いったい、雑草というのはどんな草ですか。

稲垣　世界では「雑草＝悪者」です。英語だと、Weed（ウィード）と言って悪い草の意味。麻薬もWeed。いい草はHerb（ハーブ）と言います。アメリカの雑草学会の雑草の定義も「人の生活の邪魔になる存在」というような意味ですね。

――日本の雑草学会の設立趣旨は雑草防除のためとありました。

稲垣　雑草学の目的は雑草防除です。しかし、日本語の「雑草」という言葉の意味は、必ず

しも「悪」ではありません。雑って雑誌、雑学、雑魚とかのように、高級なものではない、取り立てて言うほどのものではない草ということですね。役に立つものではないが、少なくとも「悪草」「害草」ではない。日本では雑草魂っていう言葉があったり、雑草のようにたくましいって、いい意味でも使います。それって、日本人の持っている自然観の為せる業でしょう。

――歓迎されてはいないが、そんなに嫌われてはいなかった。

稲垣　日本では、昔から雑草を防除するだけでなく、利用する面もありました。たとえば、雑草は、昔は肥料にしていました。土手の草は牛の餌にもなる。あっても困るが、なくても困る。草刈場もあって、みんな競い合って刈ったんです。鮎や鮭のように解禁日があったぐらいです。その日が来たら、一家総出で草を刈る。最初に刈った草は、殿様に献上するという風習もありました。

――よくも悪くも、人間がつくりだしたもの。

稲垣　雑草は人間がつくり出した特殊な環境に適応した植物です。そのため、人間の草刈りや草取りを逆手に取って増える特徴を身につけています。『雑草はなぜそこに生えているのか』(※2)にも書きましたが、雑草を除草するのは簡単です。雑草は刈らなければいずれ消えていきます。

――食べられる雑草、有用な草も雑草と呼ばれる。

稲垣　たとえば仙台方面では、セリ鍋が大人気です。セリは田んぼの困り者の雑草ですけど、仙台近隣ではセリを栽培している農家もあります。セリを栽培している田んぼにイネが生えてきたら、イネの方が邪魔者になる。雑草か雑草じゃないかっていうのは、人間の都合次第です。

——イネが雑草で、セリが野菜に逆転。

稲垣　雑草って、ほんとうにおもしろい。普通ってない、正解もない。図鑑に「春に咲きます」って書いてあっても秋に咲いていることもまれではない。一〇か

（※1）雑草

人が手をかけなければ、土地の（植生植物の集団）は、小さな植物から大きな植物に移り変わっていく。これを遷移という。建物が取り壊され空き地ができる。裸地が生まれる。そこから遷移がスタートする。裸地→草原→低木林→陽樹林→混交林→陰樹林と遷移する。雑草は弱い植物だから、遷移が進むと生きる場所を追われていく。しかし、元の裸地に戻されると雑草は復活できる。だから、人間が雑草を刈らなければ、雑草はなくなるとも言われる。自然現象で戻ることもあるが、多くは人間が自然に手を加えることによって雑草は栄えている。

（※2）『雑草はなぜそこに生えているのか——弱さからの戦略』

二〇一八年、ちくまプリマー新書。自然の中で力強く生きているイメージのある雑草だが、実はとても弱い植物。生き残るための戦略を持っている。厳しい自然界を生きていくたくましさの秘密を紹介している。

ら二〇センチの草だって書いてあっても一センチぐらいしかないときもあるし、一メートルぐらいになることもある。自由自在なんですよ。だから図鑑も当てにならない。雑草っていうのはすごくバラエティに富んでいる。実際、自然のものって基本的にすごく多様なんです。

生きるためには、足並みをそろえない

――多様こそ、いのち。

稲垣 野山にある植物も基本的には多様性を広げようとしています。なぜかというと、足並みがそろうと全滅しちゃうので。花が早く咲いたり遅く咲いたり、背丈が低かったり高かったり。ちょっとでもずらす。いっしょだと、いいときはいいが、悪いときには全滅する。

でも、人間はバラつきが困る。今日、ぼくもイネの種まきをするんですけど、この作業は結構面倒くさい。種まきはただまくだけじゃなくて、いかに揃えるかが重要なんです。田植えするときに苗の大きさ太さにバラつきがあったら困るし、イネを収穫するときに、同じように実ってなければ大変。同じような質、大きさで、いっせいに実ってほしい。できるだけ揃えたいっていうのが農業です。

それが人間の基本的な思考でもあるのです。

――いのちの理と人間の理には、すごい乖離がある。

稲垣 植物にとって、生存する環境が多様だからです。環境って、いつ、どうなるか、わか

らない。想定なんかできない。コントロールもできない。とりあえず、たくさん用意しておきましょうねっていう、それが多様性っていうことなんです。ところが、人間の頭にとってたくさんあるっていうのは苦手なんです。人間は脳がすべての情報を処理して思考をする。情報を単純化して理解する。平均値を出したり、いろんな物差しをつくってそれを尺度に判断するようになった。

――現実は多様だけれど、人間は標準化して考える。

稲垣　効率を高めるとか、ムダを省くっていうのは極めて人間的な考え方です。自然界にはムダなものはありません。効率っていうのは、正解があるから、そこに向けて効率化できるんですよね。でも、ほんとうに正解ってあるのか。短期的ではなく長期的に見れば、環境も気温も大きく変わるかもしれない。何が正しくて、どれがムダかなんてわからない。ということは、ただただたくさんのオプションを用意しておくしかないんじゃないか。いのちに正解がないのだから、対応にムダもないはずです。

いま、役に立たないからと言って、ムダとは言えません。未来のいつ役に立つかもしれないのですから。

――だから、植物はただひたすら多様ないのちを育む。

稲垣　植物の基本は効率よりも多様性の追求です。とくに雑草は、予測不能な環境に適応した植物です。常に変化する。自分はたまたま生き延びられたが、自分の子どもは同じような条件で生きられるか保証はまったくない。そのため子どもには、いつも自分と違う道を歩ませる。

親と離れよう。戦わないために

――種を遠くに飛ばすのも、そういう狙いですか。

稲垣　タンポポが種を飛ばす理由は二つあって、一つは新しい場所を求めていくということです。いま、親のいる場所が、明日も安心な土地かわからないからです。常にチャレンジしていないと。だからどんどん居場所を広げていく。

二つ目は親から離れることです。植物にとっていちばんのライバルは親なんです。同じところにいれば、光や、土の中の養分や、水を奪い合う。いちばん近くにいる親が敵になる。親にとっても子孫となるべきものを競争相手にするのはよくない。だから遠くへ飛ばす。

遠くに飛ばすのもエネルギーがいる。タンポポも綿毛をつけなければ、そのエネルギーで種を一個か二個余分につけられるかもしれない。それでも、親から遠く離れるメリットを選んでいます。

――雑草にとって、親はライバルであり敵でもある。

稲垣　植物によっては、病原菌から身を守るために、根からいろんな物質を出しているものもあります。それが、幼い芽生えに悪い影響を与えてしまうこともある。それも親から離れる理由です。

――雑草は、人間がつくった特殊な環境だからこそ生きられる。人間は恩人であり、天敵です。自分を生んだ親が、敵にもなります。敵がいたから生まれた雑草は、強いはずですね。

稲垣　雑草は強くない。競争から逃げる。どんな草も寄り付かない場所を選ばなくてはならない。「雑草は踏まれても踏まれても、立ち上がる」って言う人がいますが、それは間違い。雑草は踏まれると立ち上がりません。雑草に代わって言わせてもらえば、「なぜ、立ち上がらなくてはいけないの？　立ち上がるのが強いことなの？　強くなければいけないの？」。

雑草にとって重要なことって何か。それは、花を咲かせて種を残すっていうこと。踏まれて立ち上がるってムダなエネルギーを使うんじゃなくて、踏まれたままで花を咲かせ種を残すことを考える。だから、雑草は立ち上がらない。上に伸びず、横に広がる。下で花を咲かせ、種を落とす。雑草は環境とも誰とも戦わない。

――打たれ強い雑草なんか、どうでもいい。正しい生き方なんかない。生きることが正しい。

稲垣　そうです。どんな生き方も正しいんです。踏まれても立ち上がらなくていい。大事なのは花を咲かせること。次の花につなげること。

「踏まれてつらそう、かわいそうね」って、人間は思うんですけど、ほんとうにそうか。地べたで花を咲かせている雑草はお日さまをサンサンと浴びているんですよ。恵まれている。競争相手がいない。上に伸びなくていいんだから結構低コストですむ。アスファルトに咲いている草なんか、ほんとうに取られない。きっと快適だと思いますよ。

もし、未来があるならば、見えないいのちのなかにある

――種子さえ残していれば、いつか出番はくる。ムダだと言われようと、不幸と言われようと構わない。

稲垣　イギリスで産業革命が起こったころの話ですが、白い蛾を見慣れた町に、突然、黒い蛾が増えた。いままで目立たなかったけれど、黒い蛾はもともといた。ただ急激に増えたのには理由がある。町が工業化して工場が増え、スモッグが深くなった。黒く煙った町が、黒い蛾の生存を後押ししたのかもしれない。気づいたときには、黒い蛾があふれる町になっていた。白い蛾が正しくて、黒い蛾が間違っているとは言えない。環境が変われば、常識も変わる。だから、この蛾は黒い蛾を生み続けていたのです。

多様性の大切さは、長いいのちの歴史の中で見えてくる。人間が管理する時間で測ろうとしても見えてこない。

――一万年の人間の歴史の中では、イネの脱粒性（穂が自然に落ちる）について、大逆転が起きました。

稲垣　そうですね。頭を垂れて実を落とさないイネは、植物としては大変な障害なんですよ。植物は実を落として、ナンボじゃないですか。種が一粒も地面に落ちないって、子孫を残せ

ないということです。自然界では異常なイネを、一万年前に人類が見つけるわけです。その「障害」のあるイネのおかげでコメを食べられるようになりました。それまでのイネはパラパラと穂を落としていた。拾って食べられない。だから食料にすることができなかった。それが、穂が落ちない、非脱粒遺伝子のイネが突然出現した。一万株に一株ぐらいの確率で現われる、突然変異です。それを人類が見つけたんですよ。自然界では異常な障害、でも人間にとってはものすごくいい。食べることができるし、この種をまけばまた同じ株が増える。そうして増えてきたのがイネなんですよ。

子孫を残す意味から見れば、いまのイネは大きな「障害」のあるイネです。すごい不利です。だけど、人間に見い出されて、永遠の生き残りシステムを開発したともいえる。時代ごとに「障害」と思えることも活用しながら、人間は文明をつくることができたんです。

――本来のイネが、いま雑草イネと呼ばれて、田んぼに復活しています。

稲垣　そう、雑草イネがいちばんやっかいです。まったく見分けがつかない。イネだから除草剤の効果もない。それが、稲刈りで機械が入るとみんな種を落としはじめるんですよ。いままでイネだと思ってたのに。まったく普通のイネと変わらないから、草刈りもできない。いまは、ほんとうにやっかいな雑草イネですが、これが本来のイネです。また、時代は変わって、雑草イネが社会を救ってくれるかわからない。

――雑草イネだけでなく、雑草はどんな狭い土地でも生えてきますね。風で飛んでくるのですか。

稲垣　飛んできたりとか、人にくっついてきたりとかあるんですけど、すでに地中にたくさんあります。一平方メートルの地中に何万粒っていう種があるんですよ。

――コンクリートの下で、何万粒もの種が、いつ来るかわからない出番を待っている。生き延びるために、何か手間ばかりかけているなあ。

稲垣　進化にしても、寿命の長い木本《もくほん》から、寿命の短い草本《そうほん》にわざわざなった。木本なら、一〇〇〇年ぐらい生きられるのに、わざわざ短い寿命に進化するなんて。

――原核生物では寿命がなくて、真核生物から寿命ができた。わざわざ自分で死ぬようにセットした。寿命が進化とは、驚きでした。

稲垣　ぼくたちは死ぬのは嫌ですけど、死ぬのは生命が見つけた発明です。

――自殺を進化と呼んでいる。ひょっとして、「生きる」とは、自分のいのちのことではなく、「いのちをつなぐ」ことなんじゃないでしょうか。

稲垣　宗教観に近くなるんですけど、一〇〇〇年生きる大木があっても、一つひとつの細胞は一〇〇〇年は生きられない。細胞のいのちをつないで寿命一〇〇〇年の木になる。一〇〇〇年では環境も変わる。そうすると寿命をまっとうするには短い方がいいんですよね、短いサイクルでバトンを渡していった方がいい。駅伝のように長い距離を走ってバトンを渡すより、五〇メートルダッシュしてつないでいった方が確実でいいじゃないですか。五〇メートルなら頑張れる。だから死ぬことによって永遠になる。変化することによって永遠であり続ける。

――すべてのいのちは、つなぐことによって、いのちになる。

稲垣　植物が寿命の短い方に進化してきたということは、バトンを渡すことこそ生きるということかもしれません。

――人間が生物界の頂点にいるような気分でしたが、植物の知恵に学んだ方がいいですね。

働くことに「障害」のない人って、いるのかな

中島隆信

中島隆信（なかじま たかのぶ）
1960年生まれ。慶應義塾大学商学部教授。慶應義塾大学大学院経済学研究科後期博士課程単位取得退学、博士（商学）。専門は応用経済学。著書に『刑務所の経済学』（PHP研究所）、『経済学ではこう考える』（慶應義塾大学出版会）、『高校野球の経済学』（東洋経済新報社）、『新版 障害者の経済学』（東洋経済新報社）など多数。

働きたいけれど、働くことに「障害」のある人は障害者ばかりではない。触法者は受け入れ先が少ない。難病、ガンや人工透析など重い病気を抱えた人も難しい。子育てや親の介護に追われる人も、一時的だが働くには「障害」になる。労働時間が長ければ、働くことそのものが「障害」になる人もいる。「みんなの障害」を考え直すことから、障害者の働く場も広がる。

みんなの「働く障害」を考えよう

――中島先生は、相撲、お寺、刑務所など、いっけん経済学とは縁のないところを組み合わせて、何冊も書いてこられました。(※1)

中島 相撲は昔から好きだったので、相撲を通して経済学的なものの考え方を伝えたいと思って書いたら、意外と評判がよくて、じゃ、もう一冊ぐらいは、とお寺を書いたら、すご

(※1) 経済学シリーズ
中島隆信さんの経済学シリーズ、現在障害者を含めて六冊(『新版 障害者の経済学』を入れると七冊)。大相撲、お寺、刑務所、高校野球など、暮らしの中で身近なテーマを経済学の視点で紹介。経済学の手法を使うと、それぞれの謎が解けてくる。経済学が暮らしに身近なものに思えてくる。

く売れて……。

――次は、『障害者の経済学』を書かれてシリーズになりました。

中島 福祉を経済学的な視点で見ると、意外とおもしろいことが見えてくる。かなりの反響がありました。

――逆に、経済学と関係なさそうなところがよかった。

中島 初版発行の二〇〇六年のときには、障害者のことをよく知らなかった。息子は養護学校を卒業したばかり。障害者の就労の現場なんて見たこともない。取材のために施設見学をすると、こういう世界があるのかっていう驚きが出発点でしたね。経済学的に見れば、不思議な世界でした。

――障害福祉関連の本のほとんどは、福祉専門の出版社から出ている。すばらしい本があるのに、なかなか一般の人に読まれない、と言われていますが、一般の人に広げなければ価値も薄いわけで、その意味では、この本は希望の星です。

中島 そう思ってもらえるといいんですけど、なかなか難しいですね。「障害者」も「経済学」も、どちらの言葉もハードルが高くて、ハードルが高いもの同士をくっつけているので。経済学の本と思って読んでくれた人は何か物足りなさを感じるかもしれないし、福祉の人は違和感を持つかもしれない。両方の橋渡しをするべきだって思っている人が読んでくれれば、「なるほど」となるとは思うんですけど、なかなかそうはいかないですね。

——初版から年を経て、『新版 障害者の経済学』(※2)は、帯のメッセージからしてまったく違います。「障害者を作っているのは私たち自身である」です。

中島 初版は障害者自立支援法ができた年（二〇〇六年）に出ました。だから「みんな、障害者のことをもっと考えようよ。経済学の見方で一歩近づいてみよう」との呼びかけがその趣旨だった。ですが、その後障害者差別解消法などの法律も整備され、社会状況も変化した。われわれの社会の矛盾もよく見えてきた。むしろ、「障害者から学び、社会を変えるきっかけにすべきだ」という思いが強くなりました。

——障害者をなんとかしてよ、というより、社会をなんとかしなきゃいけない。課題の立て方が逆転しました。

中島 そうですね。初版のころは身体障害の人だけでなく、知的障害者も職場に広げていこう、という時期でした。そのために、企業なら単純作業を切り出して仕事をつくっていく。でも、このスタイルは早晩行き詰まる。むしろ、それぞれの得意なところを見いだして、本業で生かしていく方向に変えていくべきです。知的の人向けの仕事が精神や発達障害の人に

（※2）『新版 障害者の経済学』
二〇一八年、東洋経済新報社刊。同情や善悪論から脱し経済学の冷静な視点から障害者の本当の幸せや雇用・教育のあり方を考える。日経・経済図書文化賞受賞書の新版。

も適しているとは限らない。障害者の能力を本業で生かしていくっていう形をとっていかなければ、障害者雇用は進んでいかない。でもそれは障害者だけでなく、「一般の人たちだっていっしょでしょ」っていうことです。

——障害者のためではない。みんなの社会課題になりました。

中島　どんな人たちにだって得意なことと不得意なことがあって、不得意な仕事でもみんな我慢してやってるんですよ。我慢できない人はそこでウツになったり精神障害になったりするんだけど、いわゆる健常者と言われる人はなんとかうまくやりくりしている。でも世の中にはやりくりできない人もいっぱいいるでしょう。子育てや親の介護が必要な人の働き難さは障害者といっしょじゃないですか。

——障害者だけじゃない。多様な働き難さに対応するとなれば、中小企業ができるのか。

中島　中小企業の場合は、法定雇用率(※3)の問題で九一人規模で二人、四五・五人で一人雇用になりますが、それは厳しい。障害者を活用するには専門的なノウハウもいるし、中小企業は、大企業のように、サポート役の社員や精神保健福祉士を社内に置いて福祉的体制なんか取れませんよ。自社で雇用せずに、「みなし雇用」を導入するのがいい。雇用分の仕事を福祉施設に発注する方法が現実的です。それを法定雇用率にカウントする。

——障害者に「働いてもらおう」という機運が高まっていますが、そのために、どんな働き方を用意できるかが、課題です。

中島　障害者差別解消法の活用が重要です。障害を医学モデルではなく、社会モデル(※4)で考えることです。医学モデルでは障害者は完治しない機能不全を抱えていると考えますが、社会モデルでは社会が障害をつくってしまっていると考えます。車いすの人は、エレベーターがないから、障害者になってしまうのです。女性は出産のために産休を取り、一定期間、会社を休まなければならない。そのあと、夫婦どちらにしても育休も必要です。会社に産休や育休の制度がなければ、子どもを産み育てることも障害になってしまう。社会が障害をつくり

(※3)　法定雇用率
　二〇一八年度の障害者の法定雇用率は、民間企業では労働者の二・二%。二〇二一年度の民間企業の法定雇用率は、二・三%になる。

(※4)　社会モデル
　障害は人間ではなく社会にあるという考え方。車いすの人にとっての障害は歩行できないことではなく、建物の階段や歩道の段差の存在である。一方、医療モデルだと、階段を上れないという機能不全それ自体を障害とみなす。現在、障害については、社会モデルの考えが一般的になっている。

出しているとみなすのが社会モデルです。子どもができたら休んでしまう、いつ完全復帰できるかもわからない、そんな対応は面倒だ、として、女性の雇用を避けるというのは、機能不全を抱えた人を差別しているのといっしょです。

障害者差別解消法の障害の範囲をどのくらい広げるかっていうことと、配慮というものをなんだと考えるか、が重要ですね。

その配慮の考え方を、障害者に限らず女性でも高齢者でも全員に共通させることが重要だと思います。障害者差別解消法の意義を深く認識すれば、そこが突破口になると思います。

――精神障害の人は就労が安定しない場合が多い。見通しが立たないところも、ギリギリのパワーでやっている中小企業には大きな問題です。やはり、先ほどの「みなし雇用」がいいのでしょうか。

中島　精神障害の人が具合悪くなってしばらく出社できませんってなったときに、「じゃあいつから出社できるのか?」って訊かれても、実際のところは「わかりません」ってなるじゃないですか。とはいえ、入院して、退院がいつになるか目途も立たないのは困りますよね。その困るところは福祉サイドがリスクを拾って、別の人を派遣してあげればいい。

――企業と福祉の連携ですね。

中島　施設外就労のようなスタイルですが、施設外就労では派遣先の民間企業の障害者雇用にカウントできない。それではインセンティブがない。だから雇用率にカウントできるようにすればいいんですよ。それなら「みなし雇用」でなんの問題もない。だって大企業が補助金をもらって特例子会社や就労継続支援A型事業所をつくって、そこに発注しているのとどこが違うのですか。「直接雇用がすばらしい」、「施設側に発注するのは本来の姿ではない」とか厚生労働省は言ってるけど、そんなのちゃんちゃらおかしい。

――健常者の派遣業の障害者版ですね。

中島　調子に波がある精神障害の人に固定性のある仕事を与えて、何かあったときのリスクを企業全部が取るなんてできないですよ。特に中小企業は。だからそのリスクは福祉側に担ってもらえればいい。

「みなし雇用」は、福祉系と労働系をつなぐ役割を果たすわけですが、つなぎ役を果たすべき役所の人も部署もない。そこが問題です。

――中島さんに、福祉と労働に橋をかけてもらいたい。

中島　厚生労働省は、二〇一七年（平成二九年）四月にA型事業所を利用する障害者の賃金の支払い方法を厳格化した。利用者が仕事をして得た収益とかかった費用の差額である粗利益から、利用者の賃金を支払うことになった。利用者の賃金は、自立支援給付費から支払うことはまかりならぬ、ちゃんと仕事で儲けて出しなさい、という通達です。実は、これも意味がない。なぜなら、給付費が使えないなら、職員はいま以上に労働力で障害者の給与を賄おうとするからです。カフェを運営しているA型施設で障害者が接客の仕事をしているケースを見ますけど、その裏方で仕入れや調理をしているのは健常者の職員です。職員の労働力があって障害者は最低賃金以上の給料をもらっている。給付金を渡すのがダメだというのなら、当然労働力を渡すのもダメでしょ。

――A型給付費は利用者の給与に対する補助金とみなす方が適切ということですね。

中島　株式会社が子会社をつくってA型を経営することを厚生労働省は認めている。たとえば、障害者二〇人があるA型に月に二〇日、一日四時間通って働くとしましょう。最低賃金八五〇円として試算すると、月額工賃総額は一三六万です。経費を四〇万円とすると、トータルの費用は一七六万円。施設に入る給付金は二三六万円です。差し引き六〇万円儲かる〝濡れ手で粟〟のビジネスになる。だから給付金を利用者の給料に充てるのは禁じられた。

だけど出資した親会社が、利用者の賃金相当の一四〇万円分の仕事を架空発注すればどうか。子会社がこの売上から給与を払うならなんの問題もない。それで浮いた分の金を配当として親会社に戻せば、六〇万円が儲かるじゃないですか。合法的にできるんです。税金が親会社にわたって、その金は親会社の株主の配当に回すこともできる。おかしくないですか。でも、給付費の額を障害者に支払う給与の範囲内に限定すれば、こうした事態を防ぐことができます。実際、スウェーデンで二万人の障害者を雇用している国営企業のサムハルはこのルールのもとで経営がされています。

――そんなからくり、気づきませんでした。

中島　普通の社会福祉法人なら監査人が入って業務上の監査をする。企業には財務上の監査だけで業務上の監査はない。お金の動きと書面があってればそれでOKですから、なんの問題もなくできる。しかも、A型が雇った障害者は雇用率にカウントできるなんてありえないでしょう。

障害児をかかえるシングルマザーのジレンマ

――障害者が働くことに注目が集まっているのですが、もう一つ気になるのが、障害者の親の就労です。とくに、障害児・障害者を持つシングルマザー、ファーザーの働きにくさ。障害児を育てるのに手いっぱいで働けない。子どもが大きくなっても子離れができない。

中島　働くことは単に収入を得るだけじゃなくて、自分も社会と関わりを持つというアイデンティティになります。そのためには、子どもの自立を前提にした計画をたてなければいけない。最初にこの子を一生自分が面倒みないといけないんだ、みていくんだ、自分がこの子より一日でも長く生きるんだっていう発想をどっかのタイミングで変えていく必要がある。「母親の就労支援の方か、子離れを考えるか、どっちが先か」ですが、わたしは、原則として成人した障害者はなるべく早い時期にグループホームでの生活に移行することを推奨するのがいいと思います。それを目安に親も自分の人生を考える。だけどいまは、子どもがいるから、時間にしばられて働けない。わずかな時間をやりくりしてパートで働いても、たいしたお金にはならない。そこで、障害者年金でなんとかしのぐことになる。

この問題は、お母さんだけでは解決できない。重要なのは、なんで片親の家庭になってるのかっていうことで、それは障害児が生まれると離婚するカップルが多いからでしょう。信頼関係の壊れた夫婦が離婚するのは仕方がない、それは二人の自由だけれどもなんでそのときに母親が仕事を辞めてるんだって話で。それは障害児を保育してくれるところがないからでしょ。

――社会の理解と受け皿に行くんですね。

中島　いろんな問題の元をたどっていってわかるのは、社会のどこの部分にリソースをつぎ込めば問題が深刻化しないですむかということです。全体を見ないで一部分だけ手当をしても問題解決にならない。

――突き詰めれば、子どもは誰が育てるのか、ということではないでしょうか。

中島　出生前診断にも関わると思っています。子どもに異常の可能性があるとわかったら、九割以上の人が中絶している。その人たちは利己主義だって非難される。でも障害児を産んだら、精神的、経済的負担が親の肩にのっかってくるから産めないのでしょう。社会は批判できないんですよ。子どもは親だけじゃなくて社会全体で育てていくもんなんだっていう合意があればしないはずですよ。

――結局働くことも生きることも、社会がどういうふうに認識しているかっていうことに尽きるわけですね。

中島　そうですね。生き方や生活にはなかなか制度が入り込めない。べき論では片付かない。かなりの部分が経済的な論理で動いているのかなっていう気がしますけどね。時間やお金がかかるとかいうことで。親がコストだと考えていることをいかに軽減してあげるかしかないと思います。

――働くには、障害者であろうと誰であろうと、ハンディによって切り捨てるのではなくて、いいところをどうやって生かすかという社会をつくっていくしかない。

中島　働き方を人間に合わせるっていう明確な理念をまずつくる。それこそが働き方改革です。そのためにどういう仕組みをつくればいいか、を考える。その方法のヒントは障害者雇用を進める中で見つかる。法定雇用率をただ上げるのではなくて、やっぱり適材適所考えなくちゃいけないよね、と。そうしないと障害者は雇えない。

――障害者を雇用することによってそのノウハウを身につけましょう、と。『新版　障害者の経済学』の最後の言葉に尽きますね。

中島　私たちに必要なのは、障害者に映し出されている社会の姿に気づくことである。これ

（※5）　比較優位
　貿易理論からはじまった経済学理論。さまざまな国や人においても、それぞれが得意分野を受け持ち仕事を分け合うことによって、労働生産性が増大されるという考え方。

は障害者から学ぶといってもいいだろう。身体障害者の活動ぶりを見れば社会のバリアフリーの程度がわかる。知的／発達障害者は比較優位(※5)の重要性を教えてくれる。そして精神障害者からは、ワークライフバランスすなわち適度に休むことの大切さを学ぶことができる。

こうした学びが私たちの社会を変えていく原動力になるのです。

自由に生きろと、ダンゴムシは言う

森山 徹

森山 徹（もりやま とおる）
1969年、兵庫県生まれ。神戸大学大学院自然科学研究科博士後期課程修了（博士・理学）。公立はこだて未来大学複雑系科学科助手、信州大学ファイーバーナノテク国際若手研究者育成拠点特任助教を経て、信州大学繊維学部准教授。専門は、動物行動学、比較心理学、心の科学。著書は、『ダンゴムシに心はあるのか』（PHPサイエンス・ワールド新書）、『オオグソクムシの謎』（PHP研究所）、『モノに心はあるのか』（新潮選書）、『オオグソクムシの本』（青土社）など。

ダンゴムシは、ひっそりとしまっていたものを実験によって引き出される。外に現れて、ダンゴムシもしまっていたものに気づく。人もしまっているものの方が多いのだろう。脳がブレーキをかけているのか。出せばいいじゃないか、と森山さんは呼びかける。

もっと自由になろうよ、と。

心とは「隠れた活動体」

――知性は人間だけではなくて、最近は、植物にもあるって言われだしました。当然、ダンゴムシになくては……。

森山　脳がなくても、生物には問題解決の能力があります。それを知性と呼べないこともない。以前、『コトノネ』でインタビューされた「迷路を解く粘菌」(※1)もそうです。イタリアには「国際植物神経生物学研究所」もあります。

――知性だけではなく心まであると……。

(※1)「迷路を解く粘菌」
「自称ねんきん生活者」の北海道大学電子科学研究所の中垣俊之教授にインタビューした記事のこと(本書二〇五頁)。

森山　心をどうとらえるか、という問題もありますが。

――ダンゴムシの心を探すきっかけは。

森山　たまたまの出会いです。動物がときどき予想外の動きをしたりする。そこに生き物の個性があって、心みたいなものを見いだせるんじゃないか、とぼんやりしたイメージがあった。で、その題材を探していたころに指導教員の郡司幸夫さんがダンゴムシを持ってきてくださって……。ダンゴムシはカメムシみたいに匂いも出さないし、毒もない。大きさも手ごろ。行動を観察するのに向いていたからです。

――それで、心を見つけられた。

森山　ぼくは、心を「隠れた活動体」と定義しています。だから、ダンゴムシのふだんにはない動きを、どう引き出すか、ですね。

ダンゴムシは頭の方にある触角をアンテナにして探りながら進みます。アンテナの右側に当たれば左へ進路をとる。これは、遺伝子に組み込まれたふだんの行動です。周辺に水の溝をつくった丸い台にダンゴムシを乗せると、最初、台の縁をグルグル回る。そのうち、水路に入るダンゴムシが現れた。それは隠しておくべき行動です。わたしの言う「隠れた活動体」ですね。

――ふだんではないモノ（水）を感知して、そのまま水路に向かった。

森山　長い進化の歴史の中で獲得してきたものが通用しないような、未知の状況に置かれて、なんとかしなくちゃいけない。それで、からだの中に隠れていた行動を切り札として出してきた。

――最初は、ダンゴムシが水の前でかなり悩んでいるように見えました。

森山　確かに、しばらくずっと探ってから水に入ります。

――最初のダンゴムシが水に入ると、その後のダンゴムシは、次々に後に続くのですか。すなわち、ダンゴムシは学習するのか、という疑問です。

森山　それはね、ぜひやんなきゃいけないなと思いつつ、まだ手をつけていない。実験すればおもしろい結果が出そうな気がするのですが。

――最初に水に入るのがパイオニア型、その後マネする追随型とか……。

森山　それもあるかもしれないですね。水の溝を渡ったダンゴムシが、また溝に入り直して元の台に戻ってくる。泳いでどっかへ行っちゃったのもいます。戻ってくるときは、立ち止まらずにすっと水に入る。一度、新しい行動をすると、もうなじんでしまう。

――歩き方も、いままで通り、ふつうです。

森山　前みたいにぴょんぴょん歩いたりしない。ダンゴムシも経験によって対応力を拡張させるんです。

——はじめて海に顔をつけたときの子どものようです。触角にチューブをつけたダンゴムシを階段から下ろす実験もおもしろい。

森山　背が高いダンゴムシの方が深いところまで行ける。でも、同じ大きさでも、途中で諦めたりするのもいる。多様性が、チューブをつけることによって見えたところがおもしろいですよね。

——ダンゴムシの触角にチューブをつけると、チューブの分だけ拡張したアンテナとして使う。自分の触角では下りられなかった高さの階段を下りました。驚きです。逆に触角がつくのに下りないのもいる。

森山　チューブをつけると、いままでよりも遠くに行けるのと、逆に行かないのもいる。はじめての体験で「いや、なんかいままでの世界とは違うぞ。ヤバイ、やめておこう」とダンゴムシも気づくんでしょうね。擬人化しているようですが、新しい状況におかれたら人間でも虫でも、いままでにない反応をするしかないんですよ。だから、いろいろな行動をする。でも、ハチャメチャではないんです。危ないことはするかもしれないけど。自分を完全に壊してしまうようなことはあんまりしません。

——チューブをつけられて、それは自分ではないものがくっついている、とわかっているのですか。

森山　わかっています。チューブを取ろうとするんです、すごく。ときどきスポッと取るのもいます。

――それは道具を使っているという認識しているからでしょうか。

森山　そうでしょうね。もうちょっと実験をすれば、ダンゴムシは道具を使っているという論文が書けるかもしれない。

――丸い台の上に、さらに円柱の台を置いた実験もありました。

森山　円柱の台を置くことで通り道をかなり狭くしました。最初は台に触って、その後台を無視して細くなった通路を歩くところが三〇分後には行動が変わる。通路を邪魔していた台に登りだすんです。

鳥の餌の探索に似た動き

――経験で世界を広げていく。次はダンゴムシでどんな世界を見つけようとしているのですか。

森山　T字型ターンテーブルを二つ組み合わせて無限に迷路を歩いてもらう。壁も登れないようにして、ずっとダンゴムシに歩いてもらうっていう実験をはじめました。すると、おもしろいんですが、右左、右左に動く行動だけでなく、右右や左左の動きもする。それもメチャクチャな動きではなく、一つの法則があることも見えてきました。行動の軌跡を平面に書き込むと、パターンが一〇種類ぐらいになりました。それは、ある種の鳥や昆虫が、餌を探索しているときにとる行動パターンに非常に似ているということがわかってきました。

――ワクワクしてきました。「太陽の近くにこんな星が見つかりました」、と教えてもらった気分です。

森山　そんなこと言っていただいたら、うれしいなぁ。実は「隠れた活動体」はモノにもあるのではないかと考えています。ここにモノがあるっていう状態は、「ある」と言えるし、「いる」とも言えるはずです。モノも「ここにいる」ために一所懸命にやっている結果なんです。

　たとえば、トイレットペーパーがこの台の上に立っている。立ち続けるのか、転がってしまうのかは、トイレットペーパーに任されているんです。これは物理学的に見てふつうの考え方です。とあるモノがここにいようとして、倒れたりするのはそのモノが「隠れた活動体」だからです。これはオカルト話とかじゃなくて、このモノにふさわしい科学的手続きをすれば、隠れた活動体を見つけられるはずです。新しい実験によって。

――そんな実験ができるのですか。

森山　まだ手法はわかりません。でも、先ほどのトイレットペーパーが行為を選択している話も、物理学の研究者にとっては、ごくふつうの発想です。

――これから、モノに心はあるという共同研究がはじまる。

森山　さまざまな分野の研究者とチームを組めばできるんじゃないか、と思って進めようとしています。

――実験するたびにあらゆるものから「隠れた活動体」が出てきそうです。

森山　必要ないから「隠れた活動体」はふだんは隠されている。出してもいいのに「隠されている活動体」もあるかもしれない。そういう意味では、障害のある人は、「隠れた活動体」を自由に出しているだけかもしれない。隠す必要を感じていないだけかもしれない。それを社会から見れば、うとましく思うこともあるでしょう。わたしは、隠しきるのがいいことだとは思わないけれど。

自由に生きよう、「デンサー節」

――ひょっとして、ダンゴムシの生態を通して、社会をどうとらえるかが森山さんの主題ですか。さまざまな人たちの「隠れた活動体」を開放しろ、と。

森山　『モノに心はあるのか』(※2)という本は、もともと「わたしは世界とどう関わっているのか」というタイトルにしたかったんです。でも、哲学っぽくなりすぎるからということで、

(※2)『モノに心はあるのか――動物行動学から考える「世界の仕組み」』二〇一七年、新潮選書。ダンゴムシやオオグソクムシなどの研究を通じて、心とは「隠れた活動体」と定義した。石にも心はある、という斬新な世界観が注目されている。

このタイトルになり、サブタイトルを「動物行動学から考える「世界の仕組み」」にしました。それを、まさに感じてくださってうれしいです。

――それで、『モノに心はあるのか』に沖縄の八重山の民謡「デンサー節[※3]」が登場するのですね。

森山 「隠れた活動」を説明するのに、家族にたとえるとかわかりやすい、と思ったんです。一人の身体の中にいろいろな自分がいます。たくさんの自分が隠されている。それがバラバラにならずに一人の人の中に収まっている。

障害のある人は、バラバラの自分が抑えられずバラバラのまま出ていくんじゃないか。いいとか、悪いとか別にして。でも、多くの人はなんとなくうまくバランスをとっている。たくさんある「自分」が一つにまとまっている仕組みが家族っぽいなと思ったんです。家族っていうのはいろんな個性があって、本来バラバラでもいいはずなんだけど、なんとなくまとまっている。その典型が「デンサー節」の歌のテーマと同じだと気づきました。

家長がメンバーの行動を厳しく取り締まり管理して、家族をまとめる方法がある。「デンサー節」は、その逆で家族の中の年少者を自由にさせろ、と言っている。幼きもの、弱いものは好き勝手にやらせなさい、その方が家族はうまくやっていける。その考えを八重山の人は、伝承歌にして大事に守ってきたのです。

年長者に比べてわがままな年少者を自由にさせておけば、何が起こるかわからない、家族という集団が無秩序になると思われがちですが、実際は、彼らなりにまとまり、秩序を取りもどす。微妙な緊迫した感じにもなるが、それがいい。家族のいままでと違った面が生まれる。ダンゴムシが、いままでにない状況の中で、「隠れた活動体」を表出するように。

強いリーダーがいて厳しく統制をとるよりも、近くにいた人が気づいて、声をかけるようになる。だから、基本的に自由にさせればいい。

ナイフ所持のノルウェーの囚人

——いっけん統制がとれていない組織の方が、まとまっている。少し緊張感が生まれるぐらいがいい。

森山　マイケル・ムーア監督の映画『WHERE TO INVADE NEXT(世界侵略のススメ)(※4)』を見

（※3）デンサー節

沖縄・八重山地方の民謡。歌詞は、「親子美しゃ子から／兄弟美しゃ弟から／家内持つ美しゃ 嫁の子からデンサ」。

この歌を、「子や弟や嫁の子など、年少者を率先して気分良くさせておけ、彼らを自由にさせておけ」の考え方だと、森山さんは解釈する。

（※4）映画『WHERE TO INVADE NEXT（世界侵略のススメ）』

侵略戦争が良い結果にならなかったというアメリカ国防総省幹部からの切実な悩みを持ちかけられたことから映画化。突撃取材のドキュメンタリー映画監督として名高い映画監督マイケル・ムーアの作品。監督は世界各国の良きところを略奪するために、自らカメラを持って出撃した。日本公開は二〇一六年。

ました。各国の良いところを見つけてムーア監督お得意の突撃取材をする。そして、アメリカに持ち帰ろうという狙いです。自由の国アメリカで、アリゾナ州の女性囚人グループは「わたしは元薬物中毒者です」と書かれたTシャツを着せられている。それに比して、ポルトガルでは、麻薬使用が犯罪にならない。マリファナから覚せい剤まで、あらゆる薬物使用を非犯罪化した。いままで依存症患者を社会から切り離し阻害するために費やしてきた金は、患者を社会に再び迎え入れるために使うようになりました。

——日本ではありえない。

森山　ノルウェーでは殺人犯の囚人がナイフ所持を許され、しかも刑務所内ながら一軒家のような牢屋で暮らしている。危険人物であっても、人間らしい環境が与えられれば規則を守って生活ができるようになる。懲罰のための暮らしでは更生しない、という考え方です。その証拠に、再犯率はすごく低い。フィンランドの学校では宿題は出ないが、学力は世界トップクラスの国家という。これらの国に共通しているのは、人を強制的に矯正するのではなく、むしろ自由にすることで彼らの行動が柔軟に変化することを信じ、結果として国という集団が自律的に運営されているということです。これは、わたしの言う「家族的行動決定機構」そのものです。メンバーが自由で、かつ全体がまとまっている。まさに「デンサー節」の世界です。

——だが、一億玉砕から一億金儲けへ。みんな足並みそろえて一糸乱れずの掛け声がかかる日本です。

森山　第二次世界大戦が終わって、高度経済成長の時代も終わった。せっかく成熟した社会なのにつまらないことで、人をいじめたり殺したりするようなことが起こらないようにするには、デンサー的な生き方ですよ。

——ダンゴムシの実験のように、人の「隠されていた活動体」を自由に引き出せばいい。

森山　「待って、相手の出方を促す」、すなわち「相手の自由な出方を認める」ことを否定し、自由に振る舞える社会を自滅させるのは、愚かなことです。とても恥ずかしいことではないでしょうか。

——みんな同じ人間にしようとするよりも、一人ひとり違う人間を組み合わせる知恵を社会が育てるということですね。

ウイルスは、モノか、命か。
それとも、
二つをつなぐものなのか。

中屋敷 均

中屋敷 均（なかやしき ひとし）
1964年、福岡県生まれ。1987年京都大学農学部卒業。神戸大学大学院農学研究科教授（細胞機能構造学）。専門分野は、植物や糸状菌を材料にした染色体外因子（ウイルスやトランスポゾン）の研究。著書に、『生命のからくり』、『ウイルスは生きている』、『科学と非科学 その正体を探る』（以上、講談社現代新書）がある。

ウイルスは、モノか、命か。それとも、二つをつなぐものなのか。

ウイルスは「生物と無生物の間」といわれる。
それは、生物でも無生物でもない、ということか。
それとも、「物質と命をつなぐもの」ということなのか。
いや、やっぱり、中屋敷さんが言うように、ウイルスは生命なのだろうか。

宿主と共生するウイルス

——二〇二〇年（収録時）はすっかりコロナの年になりました。コロナウイルスもコウモリの体の中で静かにしていてくれればよかったのですが……。

中屋敷　コロナもエボラウイルスも本来の宿主はコウモリですが、コウモリの中ではほとんど病気を起こしません。でも、人に感染すると重篤な病気を起こしてしまいます。一方、ウイルスは宿主の細胞がないと増えることができないので、重篤な病気を起こすことは本来ウイルスにとっても得策ではないはずです。

——強いウイルスは滅びる？

中屋敷　そうですね。自分で自分の首を絞めているような所があります。たとえばヘルペスウイルスはほとんどの人に潜在感染していますが、普段は何も悪さをしません。ヘルペスとヒトは恐らく何十万年以上の付き合いです。こちらの体が弱ってくると、ちょっと出てきて水疱をつくったりする。でも、その程度。むしろ、ヘルペスウイルスが体内にいるおかげでほかの病気に強くなっている例も、マウスの実験でわかっています。ウイルスが体の免疫を活性化させているのです。

――人間とヘルペスも、コウモリとコロナも、長い時間をかけて関係をつくってきたんですね。

中屋敷　感染経路は正確にはわかりませんが、直接コウモリからか、あるいは他の中間宿主を介してか、この新型コロナウイルスも人に感染するようになってきたと考えられます。ウイルスもコウモリの中なら長い間連れ添っていますから、勝手がわかっていますけど、人間に感染すると振る舞い方がわからない。それで悪さの度合いがひどくなっているんではないかと思います。科学的に証明された訳ではありませんが（笑）。

――じゃ、ウイルスさんも道に迷っているのでしょうか。

中屋敷　人間の中での振る舞い方がわからないので、必要以上に細胞を傷つけたりとか、免疫反応を誘起させたりして、病気を引き起こしている可能性はあるのかもしれません。コロナの場合、より感染力が強い変異株なんかも出てきていますが、一般的に言えば、長期的に見るとウイルスの毒性は低下する方向に向かいます。宿主が元気な方が、感染者が歩き回ってウイルスを広げてくれるので、そちらの方が都合が良い訳です。今回の新型コロナも若者だと無症状者も多いので、無意識に感染を広げるようなことが起こってますよね。

――著書『ウイルスは生きている』の中で、オーストラリアのウサギ駆除作戦が書かれていました。その中のウイルスの変化に驚きました。

中屋敷　元々、オーストラリアにはウサギはいなかったのですが、英国人が狩猟のために二四羽のウサギを持ち込んで野外に放ちました。ウサギは天敵もいない地で繁殖し草を食いつくし、生態系が壊れ、牧羊や農業などの産業が危機に瀕しました。そこで、一九五〇年代にウサギ粘液腫ウイルスを使ったウサギの駆除が試みられました。致死率九九・八％という強力なウイルスで、当時六億羽程度生息していたウサギの九〇％が駆除されたといいます。しかし、年ごとにウイルスの効力が落ちていったのですが、それはウサギが免疫をつけたことに加え、ウイルス自体が弱くなっていたのです。六年後にはウイルスによる致死率が五〇％前後に低下し、弱毒化していました。

ウイルスは仲間とも共生

――五年ほど経てば、コロナとの付き合い方も落ち着いてくるのでしょうか。

中屋敷　専門家は二、三年ぐらいとみている人が多いですね。集団免疫をつけるには七〇％くらいの人が免疫を得ないといけないのですが、ワクチン接種でそれが早まるといいですね。

――新型コロナって、何種類ぐらいいるのですか。

中屋敷　新型コロナには現在三種類ぐらいの大きなグループがあると言われています（二〇二〇年収録当時）。ただ、ウイルスはどんどん変異していくので、厳密には何種類あるかわかりません。

ウイルスは、モノか、命か。それとも、二つをつなぐものなのか。

――中屋敷さんとわたしと同時にウイルスが侵入しても、違うものになる？

中屋敷　厳密には多分違います。いま東京（『コトノネ』の事務所）と兵庫（中屋敷さんがいる神戸大学）にいる新型コロナウイルスを調べると、少し配列が違っている可能性は高いと思います。とにかく変異のスピードが速い。詳しく調べると、同じ人の体の中でも遺伝子配列が違ったウイルスが混じったような形になっています。

たとえ感染した時は一種類のウイルスであっても、細胞の中で増えている間に遺伝子型が違う子どもをつくっていく。ウイルスの社会学的な話になるんですが、実は、ウイルス集団の中には、自分では繁殖できないようなものも結構、出てきます。ほかのウイルスがつくったタンパク質をもらって生き続ける。ウイルス同士でも助け合い、共生するようなことをしています。

最初に人の身体に乗り込むのは、感染力が強い、成功者です。変異が入った子孫ウイルスは、ほとんどは親よりも感染力が弱い。でも、いろいろな子孫ウイルスの中には、いままで増殖できなかった環境で増えるようなタイプも出てくる。非力でマイナーな存在が、急に勢力を広げていくこともあるんです。環境によって主役が交代するようなことが起こる。おもしろい世界です。

――ウイルス社会はインクルーシブでもある。

中屋敷　ある意味そうですね。ウイルスは、基本的には強い親の分身が増えていくんですけど、全く同じものができるのではなくて、ちょっとずつ違うものができていく感じです。いろんなものが集団の中にいるから、いろんな環境にすぐに適応できる。そういう戦略です。

——ウイルスにはとうてい対抗できませんね。

中屋敷　変わり身が早いので、なかなか制圧できません。天然痘ウイルスは人類が撲滅に成功したじゃないかと言われますが、わたしに言わせると天然痘は動きが鈍いウイルスで、かなり特殊な事例です。

ウイルスは赤ちゃんの守護神

——勝つのではなく、ウイルスと共生する話をお聞きしたい。『ウイルスは生きている』の冒頭、お母さんの胎盤で、ウイルスが赤ちゃんを守ってくれるという話がありました。

中屋敷　人間の身体の一部になったウイルス遺伝子の話ですね。

哺乳動物は胎盤をつくって子どもをおなかの中で育てるという戦略を取りました。体内の赤ちゃんは、半分はお父さんの遺伝子を持つので、お母さんから見れば「非自己」で、免疫システムの攻撃対象になります。たとえば、血液型がO型のお母さんの子供がA型ということは起こりますよね。O型の人にA型の血液は輸血できませんが、胎児は母親の血液を介して酸素や栄養分を受け取ることが出来ます。どうして、そんなことが可能になるのか、その鍵となるのが赤ちゃんを包む胎盤にある「合胞体性栄養膜」という特殊な膜です。この膜は

ウイルスは、モノか、命か。それとも、二つをつなぐものなのか。

胎児に必要な酸素や栄養素は通過させますが、非自己を攻撃するリンパ球等は通さない性質を持っており、子宮の中の胎児を母親の免疫システムの攻撃から守っています。この要となる「合胞体性栄養膜」の形成にウイルス由来のシンシチンという遺伝子が重要な役割を果たしているのです。

――その不思議なウイルスは、いったい生物なのか、無生物なのか。

中屋敷　ウーン……ほんとうのところは、わからないんです。常識的なところでは、細胞を持っているものが生物と考えられています。したがって、ウイルスは生物ではないというのが常識的な解釈です。ただ、わたしは少し考え直しても良いのではないかと思っています。

――その先生の持論こそ伺いたい（笑）。

中屋敷　わたしは生きているというのは、ものごとが発展したり展開していくような性質を持った、ある種の「現象」だと思っています。一つのことがどんどん発展し、変化することを可能とする分子基盤と論理を内在しているものと言えばいいのでしょうか。そういうものが生命だと思っています。いま、世界に存在している生物は、この環境にうまくフィットしたその「現象」の一つの姿に過ぎません。環境が変われば、目に見える姿は変わっていくのだろうけど、その「現象」の本質、動作原理みたいなものは変わらない。そんな風に思うのです。

生命は過去からの情報をきちんと受け継ぎ、そのバリエーションをつくり出していく。その現象を可能とする仕組みというか、ロジックにこそ生命の本質があると思います。

不死身の放射線耐性の生物

――バリエーションをつくり出すことにはどんな意味があるのでしょう。

中屋敷　たとえば、自然界には人間より一〇〇〇倍ぐらい放射線に強い生き物もいるんですよ。一例を挙げると「放射線に耐える奇妙な果実」というへんてこな学名がつけられているバクテリアです。でも、そのおかげで映画や小説にあるように、たとえ核戦争を起こして人類が死滅したとしても、恐らく地球上の生命は絶滅しない。

――いまの生態系は消えても、またその奇妙なバクテリアから進化がはじまる。

中屋敷　そうですね。変なやつの天下がくるのです。環境が変わったときに、いまの環境にフィッティングした生物は全部死に絶えても、「無駄な能力」を持っていたものが、次の世代を担う可能性を秘めている。

――多様性ですね。

中屋敷　そうですね。生物が多様性を安定して維持するためには、大事な要素が二つあると思います。一つは親世代の伝統を守ること、言いかえれば、親と同じものをつくるという、再生、複製し、情報を保存する能力。そして、もう一つがその情報を書きかえていく能力、この保守と変革、その両方を持ってないといけないと思うんです。

親世代は、ある意味、この世界を生き抜いてきた訳ですから、彼らが持っている情報は基本的に成功者のものです。それをきちんと受け継がないといけない。でも、それを守りつつも、そこから変化したバリエーションをつくっていかないと、進化もなければ、異なった環境に対応する多様性も生み出せない。過去の成功体験をきちんと継続しながらそれと違うものもつくっていく、そういうロジックみたいなものが、生命という現象を支える原理だと思っています。半保存的というか、半分保存して、半分はギャンブルするみたいな形で多様性をつくっていく、そういう原理をどんどん展開している現象が生命だとぼくは思っています。

――その生命観には可能性を感じますね。なにか新しい社会観を生み出すような。

中屋敷　そんな生命観から見るとウイルスという存在はその生命の原理を体現しているんですよ。ウイルスは自分の親の情報を保存する能力も持っていますし、そこから変わり種もつくっていく。新しい環境とか新しい宿主に対応して自分を変えていく能力も持っている。

そういう自己を変えていくロジックをウイルスは内包していますから、いまわれわれが知っているウイルスは移ろいゆくものの一時的な姿に過ぎないという言い方もできると思います。もっと長い何十億年というタイムスケールで見れば、ウイルスがどんな姿になっているかわからない。もしかしたら、遠い将来細胞みたいなものを獲得しているかもしれない。そういった可能性の広がりを思えば、ウイルスは生きている、生命であると、わたしは言ってもいいと思うのです。

命とは「発展する物質」

――最近、非常に大きなウイルスが見つかったと聞いたことがありますが。

中屋敷　そうですね、ここ二〇年くらいの間にそれまでの常識を覆すようなすごく大きなウイルスが見つかっています。ミミウイルス、パンドラウイルスなど巨大ウイルスと呼ばれるグループです。以前はウイルスと言えば、遺伝子が一〇個までくらいのものが大半で、これはただの核酸とタンパクだよね、とモノのカケラのように見なされる傾向がありましたが、いまやバクテリアとあまり変わらない大きさのウイルスが見つかっている訳です。遺伝子の数に関しても、バクテリアでも少ないものなら一五〇〇個くらいですが、二五〇〇個くらいの遺伝子を持ったウイルスが見つかっています。ゲノムの大きさも遺伝子数もバクテリアより多い存在を、学者だってただの物質とはもう言い難いでしょう。

――武村政春さんの著書『生物はウイルスが進化させた』（二〇一七年、講談社ブルーバックス）によると、いまの細胞性生物は、ＮＣＬＤＶ（核細胞質性大型ＤＮＡウイルス）のような構造の太古のウイルスから発生したという説もありますね。

中屋敷　そうですね。武村先生の真核生物の核がウイルスに起源を持つという仮説は興味深くて、刺激的ですね。この説によれば、ヒトの遺伝子になったどころか、核になったというのですから、すべての真核生物はバクテリアとウイルスのキメラが起源だったということになります。

――いやあ、物質でも物質でなくてもどっちでもよくなりました。とても小さいことのような気になりました。

中屋敷　現在の生命の起源を説明する仮説では、化学進化説といって物質から生命が進化したとされます。その意味では、元々、理屈の上では生命と物質は連続的につながっていることになります。

ただ、繰り返しになりますが、わたしは物質が生命になるためには、二つの必要条件があったと思っています。それが複製できること、つまり情報の保存、そしてその情報を書き換える、変異ですね。それが出来るものでなければ、発展はなかったと思います。それは現在の生物で言えば、DNAやRNAなどの核酸が持つ性質です。核酸の分子構造には自己複製を可能にする能力と変異するという能力が、その物質としての形の中に組み込まれています。その意味で、生命の原理を内包する、とても特殊な性質を持った物質だと思います。

――ウイルスも「生命の原理を内包した物質」の一つと理解すればいいのでしょうか。

中屋敷　ウイルスは例外なくDNAかRNAを持っているので、そう言ってよいと思っています。ウイルスは代謝をしないので生物ではないという人もいますが、現在の生命につながった初期の「生命の原理」を内包した物質も最初はそれ自体で代謝などしてないはずです。

ウイルスは、モノか、命か。それとも、二つをつなぐものなのか。

特殊な環境に依存して、自分の複製と変異を行っていた、つまり周囲の環境、それ自体が代謝系だった訳です。ウイルスも周囲の環境にある代謝物を利用して増殖していますが、ある意味、それと同じ行為だと思います。人だって、生命維持に必要なアミノ酸のいくつかはつくることができず、すべての代謝機能を備えている訳ではありません。ウイルスであろうが、なんであろうが、身近なものの力を借りてなんとか日々を生きているのが、生命なんです。

——なんだか、ウイルスがたくましく、人間がいじらしく見えてきました。とりあえず、コロナくんと穏便な付き合いができるように努めましょう。

おしゃれ雑誌　あとがきにかえて

藤原辰史

わたしはただ、里見喜久夫さんと御茶の水の喫茶店「穂高」でお話をしただけなのに。そこでわたしは、里見さんのおしゃれなメガネとお髭を眺めながら、里見さんの微動だにしない大阪弁に耳を傾けつつ、自分の本について話した。それだけなのに、わたしの研究室にそれ以来、里見さんが編集長である『コトノネ』が届くようになった。わたしは得しすぎである。だったら、もっと上手におしゃべりできたかもしれないのに、とゲラを直しながら後悔している。

変な言い方かもしれないが、『コトノネ』という雑誌は、わたしにとっておしゃれ雑誌である。もちろんそれはどんな服を着たり、どんな帽子をかぶったり、どんな靴を履いたりしたらかっこよく見えるか、というファッション雑誌のことではない（だからといって、おしゃれな出立ちの人が『コトノネ』に登場しないわけではない）。抱えている障害をどんなふうに世界に向けて表現するとかっこいいのか、そんな人びとをどんなふうにサポートすると美しさを放つのか、健常者であるという自分の定義をどんなふうに崩していくと渋さが滲み出るのか、それについてヒントを与えてくれる「おしゃれ雑誌」なのである。

哀しみや憂いから目を背けたおしゃれは、ただの虚飾である。社会的現実を素通りして思考停止したおしゃれは、ただの虚勢である。この雑誌に出てくるおしゃれな人たちは、これらの薄っぺらさとは無縁な位置にいる。これらの人たちには共通点がある。目に潤いが保たれていること。自分を安易に商品化しないこと。日々の単純な営みを疎かにしないこと。全自動精神乾燥機のような世の中でこれらのかっこよさは稀少である。

そして、この雑誌をおしゃれにしているのは、里見さんをはじめ編集者の力であることは容易に理解できる。わたしの研究室に届くたくさんの雑誌の中で淡いトーンの優しい写真の表紙は、かなり異質である。過度な演出と決まりきった道徳言語で不快になることが全くない。情報だけではなく、思想も充実している。こんなおしゃれな雑誌に、インタビューを掲載いただいたことをわたしは恐縮するしかない。

この対談集もまた、以上のような『コトノネ』の密やかな構えにつらぬかれている。これだけ他者に対しての想像力が弱まった時代に、あなたはどんな構えで言葉を使うつもりなのか。いまとなってわたしは里見さんにそのように聞かれたのだと思い、ギョッとする。もしかしたら、研究室に届く『コトノネ』はわたしの薄っぺらい思考の永久教師かもしれない。里見さんの対談者たちは、そしておそらくその読者も、生を終えるまでずっとこの問いに縛りつけられるだろう。『コトノネ』の登場人物たちは、この厳しい問いから逃げて、つまらぬファッションに流れないか、わたしたちをしっかりと見張っているのである。

初出一覧

里見喜久夫「「想定外」を生きる」（書き下ろし）

1

大友良英「自由からフェアへ」（『コトノネ』10号、二〇一四年）
新 雅史「災害が教えてくれた 多様性とレジリエンス」（『コトノネ』16号、二〇一五年）
いがらしみきお「障害者の「生きる覚悟」」（『コトノネ』17号、二〇一六年）
岡 檀「「病は市に出せ」」（『コトノネ』18号、二〇一六年）
大嶋栄子「風の吹く方へ歩き出してみよう」（録り下ろし）
松村圭一郎「わたしへの喜捨は、神さまに返してもらいなさい」（『コトノネ』33号、二〇二〇年）
藤原辰史「死ぬから咲く、いのち」（『コトノネ』34号、二〇二〇年）

2

空門勇魚「障害者と笑おう！」（『コトノネ』5号、二〇一三年）
小川洋子「小さきもの、遠きものの歌声」（『コトノネ』8号、二〇一三年）

＊収録に際し、適宜加筆・修正を行っている。

山田太一「個人主義に「引きこもる」人たちへ」(『コトノネ』9号、二〇一四年)
石川直樹「「辺境」は、自分だった」(『コトノネ』13号、二〇一五年)
照屋勇賢「トイレットペーパーの芯に、「ヤンバルの森」が宿る」(『コトノネ』14号、二〇一五年)

3

中垣俊之「脳のない粘菌が迷路を解く」(『コトノネ』19号、二〇一六年)
稲垣栄洋「弱い雑草の「戦わない強さ」」(『コトノネ』27号、二〇一八年)
中島隆信「働くことに「障害」のない人って、いるのかな」(『コトノネ』28号、二〇一八年)
森山 徹「自由に生きろと、ダンゴムシは言う」(『コトノネ』29号、二〇一九年)
中屋敷 均「ウイルスは、モノか、命か。それとも、二つをつなぐものなのか。」(『コトノネ』35号、二〇二〇年)
藤原辰史「おしゃれ雑誌」(書き下ろし)

【インタビュー・構成】
里見喜久夫（さとみ　きくお）
1948年、大阪府生まれ。株式会社ランドマーク、株式会社コトノネ生活などの代表取締役。2012年、季刊『コトノネ』を創刊、発行人・編集長。自然栽培パーティ（一般社団法人農福連携自然栽培パーティ全国協議会）、全Aネット（NPO法人就労継続支援A型事業所全国協議会）の設立にかかわる。著書に、絵本『ボクは、なんにもならない』（美術出版社）、『ボクも、川になって』（ダイヤモンド社）、『もんばんアリと、月』（長崎出版）、単著『いっしょが、たのしい』（はたらくよろこびデザイン室〔現・株式会社コトノネ生活〕）、共著『農福連携が農業と地域をおもしろくする』（株式会社コトノネ生活）など。

季刊『コトノネ』とは？――
2012年1月発刊。発行は株式会社はたらくよろこびデザイン室。2019年に株式会社コトノネ生活に社名変更。テーマは「社会を楽しくする障害者メディア」。障害者の生き方働き方を通じて、社会のこれからの在り方を探る。季刊『コトノネ』5号（2013年2月発行）から、本書のベースとなった連載〈ぶっちゃけインタビュー〉を開始。主に36号（2020年11月発行）に掲載した原稿までを転載した。

障害をしゃべろう！　下巻
『コトノネ』が考えた、障害と福祉のこと

2021年10月20日　第1刷印刷
2022年 2 月25日　第2刷印刷

著者　インタビュー・構成＝里見喜久夫（『コトノネ』編集長）＋
新 雅史／いがらしみきお／石川直樹／稲垣栄洋／大友良英
大嶋栄子／岡 檀／小川洋子／空門勇魚／照屋勇賢／中垣俊之
中島隆信／中屋敷 均／藤原辰史／森山 徹／松村圭一郎／山田太一

発行者　清水一人
発行所　青土社
東京都千代田区神田神保町1-29　市瀬ビル　〒101-0051
電話　03-3291-9831（編集）　03-3294-7829（営業）
振替　00190-7-192955

組版　フレックスアート
印刷・製本所　双文社印刷

装幀　小俣裕人

Printed in Japan
ISBN 978-4-7917-7415-9　C0030